글에 품격을
높이고
말에 우아함을
더해주는

어른의
어휘 일력
365

서선행, 이은정 지음

아리아리!

없는 길을 찾아주거나
막힌 길을 뚫어준다는 뜻의 순우리말.
길이 없으면 만들어서라도 나아가자는 뜻으로,
'파이팅' 대신 쓰는 말.

여름 하늘에 소낙비.

흔히 있을 만한 일이니
조금도 놀랄 것이 없다는 뜻.

- 우리나라 속담

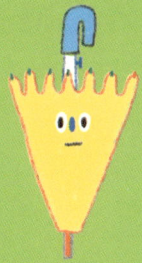

어른의 어휘 일력 365

July

7월

2
July

바자위다

- 성질이 너그러운 맛이 없다.

예문
- 시누이는 어버이날 계획에 대해 **바자위게** 물어댔다.
- 황 상무는 일할 때 **바자위게** 해서 동료들이 힘들어 한다.

같이 알면 좋은 말
- **옹졸하다**: 성품이 너그럽지 못하고 생각이 좁다.
- **쩨쩨하다**: 사람이 잘고 인색하다.

30
June

시발점

- 첫 출발을 하는 지점.
- 일이 처음 시작되는 계기.

예문
- 서울서 올 때는 **시발점**이라 버스에 앉을 자리가 있었으나 지금은 만원이어서 사람들 틈에 끼어 선 채로 있어야 했다.
  _황순원 소설 《움직이는 성》 중에서
- 한강 작가의 노벨문학상 수상은 한국문학을 세계에 널리 알리는 **시발점**이 될 것이다.

같이 알면 좋은 말
- **기폭제**: 일이 일어나는 계기가 된 일.
- **발단**: 어떤 일이 처음으로 벌어짐. 또는 그 일이 처음으로 시작됨.
- **종착점**: 마지막으로 도착하는 지점.

헛장사

- 장사를 해서 아무런 이익을 남기지 못함.

예문
- 경기가 나빠져서 매일 **헛장사**다.

같이 알면 좋은 말
- **적자**: 지출이 수입보다 많아서 생기는 결손액. 장부에 기록할 때 붉은 글자로 기입한 데서 유래한 말이다.
- **밑지다**: 들인 밑천이나 제 값어치보다 얻는 것이 적다. 또는 손해를 보다.

29
June

몰풍스럽다

- 성격이나 태도가 정이 없고 냉랭하며 퉁명스러운 데가 있다.

예문
- 내 말이 너무 **몰풍스러웠다면** 사과할게.

같이 알면 좋은 말
- **매몰차다**: 인정이나 싹싹한 맛이 없고 아주 쌀쌀맞다.

반색

- 매우 반가워함. 또는 그런 기색.

 예문
- 할머니는 외손자를 **반색**하며 안았다.

 **같이 알면 좋은 말**
- **질색**: 몹시 싫어하거나 꺼림
  - 덥고 습한 날씨는 딱 **질색**이다.

28
June

냅뜨다

- 일에 기운차게 앞질러 나서다.
- 관계도 없는 일에 불쑥 참견하여 나서다.

예문
- 그는 매사에 남보다 먼저 **냅뜨는** 성미이다.
- 어른들 일에 **냅뜨다가** 크게 혼났다.

같이 알면 좋은 말
- **참견하다**: 자기와 관계없는 일이나 말에 끼어들어 쓸데없이 아는 체하거나 이래라저래라 하다.

5
July

추앙하다

- 높이 받들어 우러러보다.

예문
- 우리는 나라를 구한 이순신 장군을 영웅으로 **추앙**한다.
- "날 **추앙**해요. 사랑으론 안 돼."
  _드라마 <나의 해방일지> 대사 중에서

같이 알면 좋은 말
- **우러르다**: 마음속으로 공경하여 떠받들다.
- **받들다**: 공경하여 모시다. 소중히 대하다.

27
June

열렬하다

- 어떤 것에 대한 애정이나 태도가 매우 맹렬하다.

예문
- 부모님의 반대에도 아랑곳하지 않고 두 사람의 사랑은 **열렬했다**.
- 우리 아빠는 송가인의 **열렬한** 팬이다.

같이 알면 좋은 말
- **격하다**: 기세나 감정 따위가 급하고 거세다.
- **뜨겁다**: 감정이나 열정 따위가 격렬하다.

6
July

물마

- 비가 많이 와서 사람이 다니기 어려울 만큼 땅 위에 넘쳐흐르는 물.

예문
- 거리의 자동차들이 행인은 아랑곳하지 않고 물똥을 튀기며 **물마** 위를 빨리 달리고 있었다.

같이 알면 좋은 말
- **거침**: 비가 많이 와서 강이나 개천에 갑자기 크게 불은 물.
- **폭우, 분우**: 갑자기 세차게 쏟아지는 비.

26 June

곰살궂다

- 태도나 성질이 부드럽고 친절하다.
- 꼼꼼하고 자세하다.

예문
- 나는 오랜만에 만난 할머니께 **곰살궂게** 굴었다.
- **곰살궂은** 이 부장님 덕분에 일을 잘 배웠다.

같이 알면 좋은 말
- **곰살갑다**: 성질이 보기보다 상냥하고 부드럽다.
- **곱살스럽다**: 얼굴이나 성미가 예쁘장하고 얌전하다.

7 July

아름작대다

- 말이나 행동을 분명히 하지 못하고 우물쭈물하다.
- 일을 그럴듯하게 적당히 하고 눈을 속여 넘기다.

예문
- 나는 대답을 해야 할지 아니면 그냥 가만히 있어야 할지 몰라 **아름작거렸다**.
- 꼼꼼히 일하지 않고 **아름작댔던** 것이 들통나 시말서를 썼다.

같이 알면 좋은 말
- **우물쭈물하다**: 행동을 분명하게 하지 못하고 망설이며 흐리멍덩하게 하는 모양.
- **흐리멍덩하다**: 옳고 그름의 구별이나 하는 일 따위가 흐릿하여 분명하지 아니하다.

25
June

객쩍다

- 행동이나 말, 생각이 쓸데없고 싱겁다.

예문
- "**객쩍은** 소리는 그만 둬."

같이 알면 좋은 말
- **하찮다**: 대수롭지 않다.
- **멋쩍다**: 어색하고 쑥스럽다.

평생 소원이 누룽지.

기껏 요구하는 것이
너무나 하찮은 것일 때 쓰는 말.

- 우리나라 속담

The man who
delivers milk everyday
is healthier than
the one who drinks it
everyday.

우유를 배달하는 사람이
그것을 먹는 사람보다 건강하다.

- 서양 속담

야지랑

- 얄밉도록 능청맞고 천연스러운 태도.

예문
- 후배가 실수를 하고도 아무렇지 않은 척 **야지랑**을 떨었다.

같이 알면 좋은 말
- **내숭**: 겉으로는 순해 보이나 속으로는 엉큼함.
- **음흉**: 겉으로는 부드러워 보이나 속으로는 엉큼하고 흉악함.

23 June

추단하다

- 미루어 판단하다.
- 죄상을 심문하여 처단하다.

예문
- 그가 돈을 훔쳤다고 섣불리 **추단**하지 마라.
- 죄가 있다면 신분을 막론하고 엄정히 **추단**할 것이다.

같이 알면 좋은 말
- **단정**: 딱 잘라서 판단하고 결정함.
- **추정**: 미루어 생각하여 판정함.

음전하다

- 말이나 행동이 곱고 우아하다. 또는 얌전하고 점잖다.

예문
- 소개로 만난 사람이 **음전한** 면이 있어 마음에 들었다.

같이 알면 좋은 말
- **점잖다**: 언행이나 태도가 의젓하고 신중하다.
- **번번하다**: 생김새가 음전하고 미끈하다.

22
June

증좌

- 참고가 될 만한 증거.

예문
- "일을 그리 할 수는 없습니다. 정확한 **증좌**를 얻기 전엔 함부로 움직여서는 안 됩니다."
  _드라마 <선덕여왕> 대사 중에서

같이 알면 좋은 말
- **징거**: 어떤 사실을 증명할 수 있는 근거.
- **빙거**: 사실을 증명할 근거를 댐.

가녘

- 둘레나 끝에 해당되는 부분.

예문
- 겨울 안개가 바다 **가녘**에까지 자욱하게 끼어 있다.

같이 알면 좋은 말
- **언저리**: 둘레의 가 부분.
- **가장자리**: 둘레나 끝에 해당되는 부분.

21
June

사랑옵다

- 생김새나 행동이 사랑을 느낄 정도로 귀엽다.

- 말을 배우기 시작한 조카가 **사랑옵다**.

같이 알면
좋은 말
- **가애하다**: 어여삐 여겨 사랑하다.
  - 길고양이를 **가애하다**.

12
July

눅진하다

- 물기가 약간 있어 눅눅하면서 끈끈하다.
- 성질이 부드러우면서 끈기가 있다.

예문
- 손바닥에는 **눅진한** 진땀이 배어 있었다.
- 해진이는 성격이 **눅진해서** 누구나 친해지고 싶어 한다.

같이 알면 좋은 말
- **눅눅하다**: 축축한 기운이 약간 있다.
- **진득하다**: 성질이나 행동에 끈기가 있다.

20 June

용퇴하다

- 조금도 꺼리지 아니하고 용기 있게 물러나다.
- 후진에게 길을 열어 주기 위하여 스스로 관직 따위에서 물러나다.

예문
- "제 실력이 부족하니 자리에서 **용퇴**하겠습니다."
- 장관은 후진 양성을 위해 **용퇴**할 의사를 밝혔다.

같이 알면 좋은 말
- **사임하다**: 맡아보던 일을 스스로 그만두고 물러나다.
- **사퇴하다**: 어떤 일을 그만두고 물러서다.

13
July

시퉁스럽다

- 보기에 하는 짓이 주제넘고 건방진 데가 있다.

예문
- 하는 짓이 주제넘고 건방질 때 '**시퉁머리 터지다**'란 말을 쓴다.
- "공연히 **시퉁스러운** 소리 하지 말고 조용히 있어."

같이 알면 좋은 말
- **건방지다**: 잘난 체하거나 남을 낮추어 보듯이 행동하는 데가 있다.
- **시큰둥이**: 말이나 행동이 주제넘고 건방진 사람.

19 June

삽삽하다

- 태도나 마음 씀씀이가 마음에 들게 부드럽고 사근사근하다.

예문
- 청년의 **삽삽한** 태도에 마음이 누그러졌다.

같이 알면 좋은 말
- **사근사근하다**: 생김새나 성품이 상냥하고 시원스럽다.
- **습습하다**: 마음이나 하는 짓이 활발하고 너그럽다.

14
July

두메

- 도회에서 멀리 떨어져 사람이 많이 살지 않는 변두리나 깊은 곳.

예문
- 나의 고향은 정기적인 노선 버스가 없는 **두메산골**이다.

같이 알면 좋은 말
- **오지**: 해안이나 도시에서 멀리 떨어진 대륙 내부의 땅.
  - 아메리카 **오지**를 탐험하고 돌아왔다.

18
June

위정자

- 정치를 하는 사람.

예문
- **위정자**의 필수 조건 중 하나는 청렴함이다.
- "최 과장은 야망 있는 **위정자**야."

같이 알면 좋은 말
- **정치가**: 정치를 맡아서 하는 사람. 또는 정치에 관한 학식과 경험이 풍부한 사람.
- **위선자**: 겉으로만 착한 체하는 사람.

叔敖陰德

숙오음덕

하늘은 숨은 덕(음덕)이 있는 사람을
보살핀다 했으니,
남 몰래 베푼 덕은
언젠가 나에게 보답으로 돌아온다.

- 맹자

17
June

삶이란
너무나도 소중한 것이기에
삶이 아닌 길은 가고 싶지 않았고,
불가피한 경우가 아니라면
체념하고 싶지도 않았다.

- 헨리 데이비드 소로 Henry David Thoreau, 미국 철학자

16
July

함초롬

- 젖거나 서려 있는 모습이 가지런하고 차분한 모양.

예문
- 비 갠 거리에는 가로수가 **함초롬히** 서 있다.

같이 알면 좋은 말
- **새초롬**: 조금 쌀쌀맞게 시치미를 떼는 태도.
- **매초롬**: 젊고 건강하여 아름다운 태.

16 June

오란비

- 장마를 뜻하는 우리 옛말.

예문
- 옛날 사람들은 장마를 '**오란비**'라고 불렀는데 '오래 내리는 비'라는 뜻이다.

같이 알면 좋은 말
- **여우비**: 볕이 나 있는 날 잠깐 오다가 그치는 비.
- **슈룹**: 우산을 뜻하는 우리 옛말.

17
July

햇귀

- 해가 처음 솟을 때의 빛.
- 사방으로 뻗친 햇살.

예문
- 방안으로 **햇귀**가 비춰들어 잠에서 깼다.
- 한여름의 **햇귀**가 눈부시다.

같이 알면 좋은 말
- **돋을볕**: 아침에 해가 솟아오를 때의 햇볕을 이르는 다른 말.
- **일각, 햇발**: 사방으로 뻗친 햇살을 이르는 다른 말.

15
June

는질맞다

- 말이나 행동이 매우 능글맞다.

예문
- **는질맞게 웃다.**

같이 알면 좋은 말
- **능글맞다**: 태도가 음흉하고 능청스러운 데가 있다.
- **징글맞다**: 행동이 불쾌할 만큼 흉하거나 역겹다.

18
July

그악스럽다

- 보기에 사납고 모진 데가 있다.
- 끈질기고 억척스러운 데가 있다.

예문
- **그악스럽게** 악담을 퍼부었다.
- 아기가 밤새 **그악스럽게** 울어댔다.

같이 알면 좋은 말
- **극악스럽다**: 마음씨나 행동이 더할 나위 없이 악한 데가 있다.

14 June

불문율

- 문서의 형식은 갖추지 않았으나 사회 구성원들이 지켜야 할 질서나 행동 규율.

예문
- 축구에서 과도한 드리블이나 태클은 자제하는 게 **불문율**이다.
- 회사 간의 거래에서 **불문율**을 어겨 비난을 받았다.

같이 알면 좋은 말
- **성문법**: 문자로 적어 표현하고, 문서의 형식을 갖춘 법.

19
July

참답다

- 거짓이나 꾸밈이 없이 진실하고 올바른 데가 있다.

예문
- **참다운** 친구란 아픔과 슬픔을 함께 나눌 수 있는 자이다.

같이 알면 좋은 말
- **진정하다**: 참되고 올바르다.
  - 안중근 의사는 **진정한** 애국자다.

13
June

검질기다

- 성질이나 행동이 몹시 끈덕지고 질기다.

예문
- 강우는 일을 시작하면 끝장을 보는 **검질긴** 성격이다.

같이 알면 좋은 말
- **끈질기다**: 끈기 있게 검질기다.
- **억세다**: 마음먹은 바를 이루려는 행동이 억척스럽고 세차다.

20 July

희뜩하다

- 갑자기 몸을 뒤로 젖히며 자빠지는 모양.
- 갑자기 얼굴을 돌리며 슬쩍 돌아보는 모양.

예문
- 그는 사고 소식을 듣고 눈을 뒤집으며 뒤로 **희뜩** 나자빠졌다.
- 누가 회의실 안에 앉아 있는 나를 **희뜩** 들여다봤다.

같이 알면 좋은 말
- **해뜩**: 갑자기 몸을 뒤로 잦히며 자빠지는 모양.
- **희번덕**: 눈을 크게 뜨고 흰자위를 자꾸 번득이며 움직임.

12
June

완곡하다

- (말이나 그 표현이) 듣는 사람의 감정이 상하지 않을 정도로 모나지 않고 부드럽다.

예문
- 그는 **완곡한** 말투로 상대방을 은연히 질책하였다.
- 책이 완성되자 그는 나에게 증정을 부탁해 왔지만 나는 **완곡하게** 거절했다.

같이 알면 좋은 말
- **부드럽다**: 성질이나 태도가 억세지 아니하고 매우 따뜻하다.
- **완고하다**: 융통성이 없이 올곧고 고집이 세다.

21
July

깨금발

- 한 발을 들고 한 발로 섬. 또는 그런 자세.

예문
- 운동장에서 아이들이 **깨금발**로 놀고 있다.

같이 알면 좋은 말
- **깨끼발**: 한 발을 들고 한 발로 선 자세.
- **앙감질**: 한 발은 들고 한 발로만 뛰는 짓.

11
June

암운

- 곧 비가 쏟아질 것 같이 검은 구름.
- 좋지 않은 일이 일어날 듯한 낌새를 비유적으로 이르는 말.

예문
- 비가 오려는지 **암운**이 하늘을 뒤덮었다.
- 우리 주위로 **암운**이 감돌았다.

같이 알면 좋은 말
- **먹구름**: 매우 검은 구름. 어떤 일의 좋지 않은 상태를 비유적으로 이르는 말.
  - 한국 경제에 **먹구름**이 끼었다.

식혜 먹은 고양이 속.

죄를 짓고 그것이 탄로 날까 봐
근심하는 마음.

- 우리나라 속담

10
June

Never compare myself to other people. It's comparing my behind the scenes to their highlight reel.

절대 다른 사람과 자신을
비교하지 마세요.
그건 그 사람의 하이라이트를
내 비하인드씬과 비교하는 것과 같으니까요.

- 테일러 스위프트 Taylor Swift, 미국 뮤지션

23
July

든손

- 일을 시작한 김.
- 서슴지 않고 얼른 하는 동작.

예문
- **든손**에 일을 끝내다.
- 이 정도 일은 **든손**으로도 해치울 수 있다.

같이 알면 좋은 말
- **내친김**: 이왕 길을 나선 때. 이왕 일이나 이야기 따위를 시작한 때.
  - "이봐요, **내친김**에 하나만 더 물어봅시다."

9
June

차반

- 예물로 가져가거나 들어오는 좋은 음식.
- 맛있게 잘 차린 음식.

예문
- 나는 엄마가 준비하신 **차반**을 들고 시가로 갔다.

같이 알면 좋은 말
- **지미, 감지, 가찬** : 맛 좋고, 훌륭한 음식을 이르는 다른 말.
- **개차반** : 개가 먹는 음식이라는 뜻으로, 언행이 몹시 더러운 사람을 속되게 이르는 말.

24
July

들레다

- 야단스럽게 떠들다.

예문
- 사람들이 골목에 모여 밤새 **들레는** 바람에 밤잠을 설쳤다.

같이 알면 좋은 말
- **들썩이다**: 시끄럽고 부산하게 떠들다.
- **들떼리다**: 남의 감정을 건드려 몹시 화나게 하다.
  - 어제 나를 **들떼려** 놓고서 오늘은 시치미를 떼는구나.

8 June

웃자라다

- 쓸데없이 보통 이상으로 많이 자라 연약하게 되다.

예문
- 비가 많이 와서 햇빛을 보지 못한 벼는 **웃자라서** 키만 껑충했다.

같이 알면 좋은 말
- **헛자라기**: 양분이 부족해 작물의 줄기나 가지가 보통 이상으로 길고 연하게 자라는 일.
- **꼴다듬기**: 식물의 모양을 고르게 하고 웃자람을 막기 위해 곁가지 따위를 자르고 다듬는 일.

25
July

허드레

- 그다지 중요하지 아니하고 허름하여 함부로 쓸 수 있는 물건.

예문
- 친정어머니는 딸이 결혼하여 살림을 날 때 자질구레한 **허드레** 그릇까지 세세히 챙겨 주셨다.

같이 알면 좋은 말
- **허드재비**: 허드레로 쓰는 물건이나 허드레로 하는 일.
- **허드렛일**: 중요하지 않고 허름한 일.

비보라

- 세찬 바람과 함께 휘몰아치는 비.

예문
- 갑작스런 **비보라**에 옷이 흠뻑 젖었다.

같이 알면 좋은 말
- **바람비**: 바람이 불면서 내리는 비.
- **꿀비**: [북한어] '곡식이 꿀처럼 달게 받아먹을 비'라는 뜻으로, 농작물이 자라는 데 필요한 때에 맞추어 내리는 비를 이르는 말.

26
July

매조지다

- 일의 끝을 단단히 단속하여 마무리하다.

예문
- 홈런 한 방으로 긴 승부를 **매조졌다**.

같이 알면 좋은 말
- **조지다**: 일이나 말이 허술하게 되지 않도록 단단히 단속하다.
- **아퀴**: 일을 마무르는 끝매듭.
  - 이렇게 만난 김에 **아퀴**를 지어 두는 것이 좋지 않겠니?

6
June

웅숭깊다

- 생각이나 뜻이 크고 넓다.
- 사물이 되바라지지 아니하고 깊숙하다.

예문
- 설악산의 계곡은 아주 **웅숭깊다**.
- 단원 김홍도는 그림도 그림이지만, 그의 이름과 자를 풀이해 봐도 그 의미가 여느 화가와 달리 매우 **웅숭깊다**.
  _미술 평론가 손철주 평론 중에서

같이 알면 좋은 말
- **깊숙하다**: 유독 수준이 높거나 정도가 심하다.
  - 그 집의 곰탕 국물 맛은 **깊숙하다**.

27
July

밤마을

- 밤에 이웃이나 집 가까운 곳에 놀러 가는 일.

예문
- **밤마을**을 다니다.

같이 알면 좋은 말
- **마실, 마을**: 이웃에 놀러 다니는 일.
  - 저녁 먹고 슬슬 **마실**이나 다녀오자.

5
June

뽀윰하다

- 빛이 조금 보얗다.

예문
- 성에 때문에 유리창이 **뽀윰하다**.
- 호수 위로 안개가 **뽀윰하게** 끼었다.

같이 알면 좋은 말
- **보윰하다**: '뽀윰하다'보다 약한 느낌을 주는 말.
- **뿌윰하다**: 빛이 조금 부옇다.
- **뽀얗다**: 선명하지 못하고 조금 하얗다.

28
July

숙시하다

- 눈여겨 자세하게 들여다보다.

예문
- 오늘날 실존 철학은 어느 정도 죽음과 대결해서 그것을 **숙시한다**.
- 불상의 미소를 오랫동안 **숙시했다**.

같이 알면 좋은 말
- **숙람하다**: 자세히 눈여겨보다.
- **숙열하다**: 잘 분별하여 자세히 검열하다.

4
June

과부하

- 일을 너무 많이 맡은 상태.

예문
- 동료 한 명이 갑자기 그만두는 바람에 일에 **과부하**가 걸렸다.

같이 알면 좋은 말
- **과로**: 몸이 고달플 정도로 지나치게 일함. 또는 그로 말미암은 지나친 피로.

29

July

바람 먹고 구름 똥 싼다.

형체도 없는 바람을 먹고
둥둥 떠가는 구름 똥을 싼다는 뜻으로,
허황된 행동을 비꼬는 말.

- 우리나라 속담

無羞惡之心
非人也

무수오지심
비인야

"악한 일을 하고도 부끄러운 마음이 없으면 인간이 아니다."

- 맹자

30
July

방종하다

- 제멋대로 행동하여 거리낌이 없다.

예문
- 그는 **방종한** 생활을 청산하고 새사람이 되었다.

같이 알면 좋은 말
- **자사하다**: 제멋대로 하는 면이 있다.
- **자천하다**: 방자하게 제멋대로 하다.

2
June

개밥바라기

- 저녁 무렵 서쪽 하늘에 보이는 '금성'을 이르는 말.

예문
- **개밥바라기**는 초저녁 서쪽 하늘에서 가장 밝게 빛난다.

같이 알면 좋은 말
- **저녁샛별, 장경성, 태백성**: 금성을 이르는 다른 말.
- **닻별**: 북극성을 중심으로 북두칠성의 맞은편에 있는 'W' 자 모양의 별자리. 카시오페이아자리.

31
July

심먹하다

- 어디에 있는지 모르는 물건이나 사람을 찾기 위하여 살피다.

예문
- 전쟁에 참여한 군인들이 남긴 자취를 **심먹하다**.
- 산속에서 물소리를 듣고 길을 **심먹하여** 돌아왔다.

같이 알면 좋은 말
- **심역하다**: 찾아서 살피다.

1
June

희보

- 기쁜 기별이나 소식.

예문
- 합격이라는 **희보**를 듣고 온 가족이 환호성을 질렀다.

같이 알면 좋은 말
- **희소식, 길보, 낭보** : 비슷한 뜻의 다른 말.

— 어른의 어휘 일력 365 —

August

8월

어른의 어휘 일력 365

June

6월

1
August

쏠라닥질

- 쥐 따위가 이리저리 쏘다니며 물건을 함부로 잘게 물어뜯는 짓.
- 남의 눈을 피해 가며 좀스럽게 자주 못된 장난을 하는 짓.
- 가위로 자꾸 조금씩 베거나 잘라 내는 짓.

예문
- 쥐가 천장에서 **쏠라닥질**을 하는지 달각달각 소리가 요란하다.
- 막내가 볼펜으로 **쏠라닥질**을 많이 해서 제 형 공책이 남아나질 않는다.

31
May

작금

- 어제와 오늘을 아울러 이르는 말.
- 바로 얼마 전부터 이제까지의 무렵.

예문
- "신문에서 **작금**을 낭만의 시대라고 하더이다."
- "**작금**의 조선은 이상한 것 투성이라."
  _드라마 <미스터 션샤인> 대사 중에서

같이 알면 좋은 말
- **저간**: 바로 얼마 전부터 이제까지의 무렵.
  - 전화로 **저간**의 소식을 전했다.

2
August

운신하다

- 몸을 움직이다.
- 어떤 일이나 행동을 편한 마음으로 자유롭게 하다.

예문
- 그는 교통사고로 **운신**하기가 어렵다.
- 남의 집에 얹혀사는 처지라서 **운신**하기가 불편하다.

같이 알면 좋은 말
- **운운하다** : 이러쿵저러쿵 말하다.
- **운위하다** : 일러 말하다.
  - 고작 하루 아이를 돌보고 육아의 어려움을 **운위**할 자격은 없다.

30 May

무료하다

- 흥미 있는 일이 없어 심심하고 지루하다.

예문
- 할머니는 텅 빈 집에서 먼 산만 바라보며 늘 **무료하게** 앉아 계셨다.
- 좋은 일만 있으면 삶이 너무 **무료하지** 않을까?

같이 알면 좋은 말
- **심심하다**: 시간이 오래 걸리거나 같은 상태가 오래 계속되어 따분하고 싫증이 나다.
- **싫증나다**: 싫은 생각이나 느낌.

3
August

울력

- 여러 사람이 힘을 합하여 일함.

예문
- **울력**을 믿고 함부로 덤빈다.
- 이 길은 동네 사람들이 **울력**을 해서 냈다.

같이 알면 좋은 말
- **동력**: 힘을 같이함. 또는 그 힘.
  - 일심 **동력**으로 응원해야 한다.

29
May

무위하다

- 아무것도 하는 일이 없다. 또는 이룬 것이 없다.

예문
- 그는 젊은 시절을 **무위하게** 보냈다.

같이 알면 좋은 말
- **무해하다**: 해로움이 없다.
  - 이 그릇은 인체에 **무해한** 재료로 만들었습니다.

4
August

일갈하다

- 한 번 큰 소리로 꾸짖다.

예문

- 스승의 벽력같은 **일갈**에 제자는 주춤하였다.

같이 알면
좋은 말

- **일괄하다**: 개별적인 여러 가지 것을 한데 묶다.
- 영지가 여러 사람의 신청서를 **일괄하여** 냈다.

28
May

호사가

- 일을 벌이기를 좋아하는 사람.
- 남의 일에 특별히 흥미를 가지고 말하기 좋아하는 사람.

예문
- "새로운 모임을 연다며? 너도 참 어지간히 **호사가**구나."
- 그 소문은 **호사가**들에 의해 그럴듯하게 꾸며진 이야기에 불과하다.

같이 알면 좋은 말
- **호색한**: 여자를 매우 좋아하는 남자

빌려 온 고양이같이.

여러 사람이 모여 떠드는 데서
사람들과 어울리지 않은 채
혼자 덤덤히 있는 모습.

- 우리나라 속담

하고자 하는 자는 방법을 찾고,
하기 싫어하는 자는 핑계를 찾는다.

- 인도 속담

6
August

저지레

- 일이나 물건에 문제가 생기게 만들어 그르치는 일.

예문
- 녀석은 그 나이에 으레 그렇듯이 온갖 **저지레**를 다 치고 다녔다.

같이 알면 좋은 말
- **어지러트리다** : 매우 어지럽게 하다.

26
May

탁란히

- 사회나 정치의 분위기가 흐리고 어지럽게.

 예문
- 나라의 정사가 **탁란히** 돌아가고 있어 걱정이다.

같이 알면 좋은 말
- **혼탁하다**: 정치, 도덕 따위 사회적 현상이 어지럽고 깨끗하지 못함.
  - 의원들의 싸움으로 국회가 **혼탁하다**.

7 August

지분거리다

- 짓궂은 말이나 행동 따위로 자꾸 남을 귀찮게 하다.
- 음식에 섞인 모래나 돌 따위가 귀찮게 자꾸 씹히다.
- 자꾸 날씨가 궂고 눈이나 비 따위가 오락가락하다.

예문
- 아내는 딸한테 **지분거리는** 사내를 경찰에 신고했다.
- 밥에서 돌이 **지분거리며** 씹혔다.
- 아침에는 맑더니 오후가 되자 다시 **지분거리기** 시작했다.

같이 알면 좋은 말
- **집적거리다**: 말이나 행동으로 자꾸 남을 건드려 성가시게 하다.
- **찝쩍거리다**: '집적거리다'보다 센 느낌을 주는 말.

25
May

천명하다

- 진리나 사실, 입장 따위를 드러내어 밝히다.

예문

- 대통령은 개혁 의지를 **천명**했다.

같이 알면 좋은 말

- **밝혀내다**: 진리, 가치, 옳고 그름 따위를 판단하여 드러내다.
- **그러내다**: 속에 깊이 들어 있는 것을 그러당기어 밖으로 내다.
  - 아궁이에서 재를 **그러내다**.

8
August

짓조르다

- 몹시 차지고 끈덕지게 무엇을 자꾸 요구하다.

예문
- 아이는 장난감을 사 달라고 엄마를 **짓조르곤** 했다.
- 박 팀장은 금요일마다 서 이사에게 술 한잔 사달라고 **짓졸랐다**.

같이 알면 좋은 말
- **보채다**: 어떠한 것을 요구하며 성가시게 조르다.
- **칭얼거리다**: 못마땅한 것이 있어 짜증을 내며 자꾸 중얼거리거나 보채다.

24
May

주살하다

- 죄를 물어 죽이다.

예문
- 역적을 **주살하다**.
- "김 부장이 하 대리를 눈꼴사나워하더니 이번 기회에 **주살시켜** 버린 거야."

같이 알면 좋은 말
- **주륙하다**: 죄인을 죽이다. 죄로 몰아 죽이다.

9
August

해찰

- 마음에 썩 내키지 아니하여 물건을 부질없이 이것저것 집적거려 해침. 또는 그런 행동.
- 일에는 마음을 두지 아니하고 쓸데없이 다른 짓을 함.

예문
- 아이들이란 자칫 한눈팔고 **해찰**하기 일쑤라서 가끔 주의를 환기할 필요가 있다.
- 회의 시간에 **해찰**하다가 주의를 들었다.

같이 알면 좋은 말
- **헤집다**: 긁어 파서 뒤집어 흩다.
  - 이불 귀퉁이를 **헤집어** 솜을 뜯어냈다.
- **딴전**: 하고 있는 일과는 전혀 관계없는 행동.
  - **딴전**을 부리다.

23
May

인습

- 이전부터 전하여 내려오는 습관.

예문
- 시대에 맞지 않는 낡은 **인습**은 버려야 한다.
- **인습**의 굴레를 벗다.

같이 알면 좋은 말
- **관습**: 어떤 사회에서 오랫동안 지켜 내려와 그 사회 성원들이 널리 인정하는 질서나 풍습.

10
August

뚱딴지같다

- 행동이나 사고방식 따위가 너무가 엉뚱하다.
- 완고하고 우둔하며 무뚝뚝한 사람을 놀림조로 이르는 말.

예문
- "**뚱딴지같은** 소리 하지 마."
- 그 애는 종종 **뚱딴지같은** 짓을 해서 옆 사람을 당황하게 한다.

같이 알면 좋은 말
- **생뚱맞다** : 하는 행동이나 말이 상황에 맞지 아니하고 매우 엉뚱하다.
- **뜬금없다** : 갑작스럽고도 엉뚱하다.

22
May

모사하다

- 일을 꾀하다.

예문
- 그들은 중전을 음해하려고 밤낮으로 만나 **모사**를 꾸몄다.

같이 알면 좋은 말
- **기도하다**: 어떤 일을 이루도록 꾀하다.
- **꾀하다**: 어떤 일을 이루려고 뜻을 두거나 힘을 쓰다.

나태하다

- 행동, 성격 따위가 느리고 게으르다.

예문
- 그는 성격이 **나태해서** 맡은 일을 제때에 해내지 못한다.
- **나태함**, 그 순간은 달콤하나 결과는 비참하다. (스페인 속담)

같이 알면 좋은 말
- **타태하다, 태홀하다, 해완하다**: 열심히 하려는 마음이 없고 게으르다.

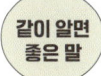

21
May

동티

- 흙 따위를 잘못 다루어 신의 노여움을 사서 재앙을 받는 일.
- 건드려서는 안 될 것을 공연히 건드려서 스스로 걱정이나 해를 입음.

예문
- 이곳은 마을 사람들이 **동티**가 두려워 감히 건드리지 못하는 땅이다.
- 말 한마디가 **동티**가 될 줄이야.

같이 알면 좋은 말
- **부정**: 사람이 죽는 따위의 불길한 일.
  - 흉가에 들어가면 **부정**을 탄다는 소문이 돌았다.

12
August

위대함은 다른 사람보다
앞서가는 데 있지 않다.
참된 위대함은 자신의 과거보다
한 걸음 앞서 나아가는 데 있다.

- 인도 속담

目くそ鼻くそを
笑う.

눈곱이 코딱지 비웃는다.

- 일본 속담

13 August

용의주도하다

- 꼼꼼히 마음을 써서 일에 빈틈이 없다.

예문
- 범인은 **용의주도하게** 일을 꾸몄다.

같이 알면 좋은 말
- **물샐틈없다**: 조금도 빈틈이 없다. 물을 부어도 샐 틈이 없다는 뜻에서 나온 말.
- **꼼꼼하다**: 빈틈이 없이 차분하고 조심스럽다.

19 May

소마소마하다

- 무섭거나 두려워서 마음이 초조하다.

예문
- 매를 맞을지도 모른다는 생각에 마음이 **소마소마했다**.

같이 알면 좋은 말
- **조마조마하다**: 닥쳐올 일이 걱정되어 마음이 초조하고 불안하다.

14
August

찬찬하다

- 성질이나 솜씨, 행동 따위가 꼼꼼하고 차분하다.

예문
- 바느질 솜씨가 **찬찬하다**.

같이 알면 좋은 말
- **얌전하다**: 일하는 모양이 꼼꼼하고 정성을 들인 데가 있다.
  - **얌전하고** 뛰어난 요리 솜씨.
- **되통스럽다**: 찬찬하지 못하거나 미련하여 일을 잘 저지를 듯하다.
  - 사람들 앞에서 **되통스러운** 친구의 질문을 받아 난처했다.

18
May

일소에 부치다

- (사람이 어떤 일을) 웃음거리로 여기고 무시해 버리다.

예문
- 김 부장은 임 차장과 관련한 소문을 **일소에 부치고** 말았다.
- 그는 농담인 줄 알고 선배의 제의를 **일소에 부쳤다**.

같이 알면 좋은 말
- **웃어넘기다**: 웃음으로 지나쳐 보내다.
  - 이 사건은 그냥 **웃어넘길** 일이 아니다.

15
August

병탄

- 빼앗아 삼킨다.
- 남의 재물이나 다른 나라의 영토를 한데 아울러서 제 것으로 만듦.

예문
- 김유신은 드디어 백제 **병탄**을 서두르게 되었고, 마침내는 그 뜻을 이루었다. _이청준 소설《춤추는 사제》중에서
- 이완용은 한일 **병탄**의 주역이다.

같이 알면 좋은 말
- **합방, 합병, 병합** : 둘 이상의 나라나 단체가 하나로 합쳐짐.

17
May

교두보

- 어떤 일을 하기 위해 마련한 발판을 비유적으로 이르는 말.

예문
- 일제는 한반도를 중국 침략의 **교두보**로 삼았다.

같이 알면 좋은 말
- **발판**: 다른 곳으로 진출하기 위하여 이용하는 수단을 비유적으로 이르는 말.
  - 이번 일을 **발판**으로 삼아 세계 진출을 노려야겠다.

16
August

고즈넉하다

- 고요하고 아늑하다.
- 말없이 다소곳하거나 잠잠하다.

예문
- 그 절은 **고즈넉한** 분위기가 났다.
- 그 사람은 **고즈넉한** 표정에 말이 없었다.

같이 알면 좋은 말
- **고요하다**: 모습이나 마음 따위가 조용하고 평화롭다.

16
May

이골

- 아주 길이 들어서 몸에 푹 밴 버릇.

예문
- 육십 평생 해온 일이라, **이골**이 난 지 이미 오래다.

같이 알면 좋은 말
- **이력**: 많이 겪어 보아서 얻게 된 슬기.
  - 이제 장사엔 웬만큼 **이력**이 났다.

17
August

태연자약하다

- 마음에 어떠한 충동을 받아도 움직임이 없이 천연스럽다.

예문
- **태연자약하게** 앉아 있긴 했어도 마음은 떨렸다.
- "너는 하나밖에 없는 형이 다쳤는데도 어쩌면 그렇게 **태연자약할** 수가 있니?"

같이 알면 좋은 말
- **침착하다**: 행동이 들뜨지 아니하고 차분하다.

15
May

달보드레하다

- 약간 달콤하다.

예문
- 마카롱은 너무 달고, **달보드레한** 꿀떡이 내 입맛에 잘 맞는다.

같이 알면 좋은 말
- **달큼하다**: 감칠맛이 있게 꽤 달다.
  - 콩 맛이 구수하면서도 **달큼하다**.

18
August

스스럽다

- 수줍고 부끄러운 느낌이 있다.

예문
- 그녀는 **스스러운지** 눈을 아래로만 향하고 있었다.

같이 알면 좋은 말
- **쑥스럽다**: 행동이 자연스럽지 못하여 우습고 싱거운 데가 있다.
- **스스럼없다**: 조심스럽거나 부끄러운 마음이 없다.

14
May

의뭉스럽다

- 겉으로는 어리석어 보이나 속으로는 엉큼한 데가 있다.

예문
- "그 애는 좀 **의뭉스러운** 구석이 있어. 속을 알 수 없다니까?"

같이 알면 좋은 말
- **능청스럽다**: 속으로는 엉큼한 마음을 숨기고 겉으로는 천연스럽게 행동하는 데가 있다.
- **의문스럽다**: 보기에 의문 나는 데가 있다.
  - 갑자기 나타난 그 사람의 정체가 **의문스럽다**.

All life is problem solving.

삶은 문제해결의 연속이다.

- 칼 포퍼 Karl Popper, 영국 철학자

A bad apple spoils the bin.

썩은 사과 한 알이
바구니 속 모든 사과를 썩게 만든다.

- 영국 속담

20 August

불공불손하다

- 언행이 공손하지 아니하고 건방지며 버릇이 없다.

예문
- 어른을 대하는 그의 말투가 **불공불손**하다.

같이 알면 좋은 말
- **불순하다**: 공손하지 아니하다.
- **불상놈**: 아주 천한 사람을 낮잡아 이르는 말.
  - "천하의 **불상놈** 같으니!"

12
May

옹색

- 형편이 넉넉하지 못하여 생활에 필요한 것이 없거나 부족함.
- 변명할 여지나 어찌할 도리가 없어 난처함.

예문
- 벌이가 **옹색하지** 않을 정도는 됩니다.
- **옹색한** 대로 둘러댈 수밖에 없었다.

같이 알면 좋은 말
- **궁색**: 아주 가난함. 말이나 태도, 행동의 이유나 근거 따위가 부족함.

21 August

자깝스럽다

- 어린아이가 마치 어른처럼 행동하거나, 젊은 사람이 지나치게 늙은이의 흉내를 내어 깜찍한 데가 있다.

예문
- 아이가 하는 말이 어딘가 어른들을 흉내 내는 **자깝스러운** 구석이 있어 어색했다.

같이 알면 좋은 말
- **깜찍하다**: 태도나 행동이 영악하다.
- **되바라지다**: 어린 나이에 어수룩한 데가 없고 얄밉도록 지나치게 똑똑하다.
- **당돌하다**: 꺼리거나 어려워하는 마음이 없이 올차고 다부지다.

11
May

옴나위없이

- 꼼짝할 만큼의 적은 여유도 없이.

예문
- 역 대합실 안은 귀성 인파로 **옴나위없이** 붐볐다.

같이 알면 좋은 말
- **옴짝달싹하다**: 몸을 아주 조금 움직이다.
  - **옴짝달싹** 못 하게 묶다.

22
August

갸륵하다

- 착하고 장하다.
- 딱하고 가련하다.

예문
- 정성이 **갸륵하다**.
- 네게 아무런 도움을 주지 못하는 내 처지가 안타깝도록 **갸륵하다**.

같이 알면 좋은 말
- **대견하다**: 흐뭇하고 자랑스럽다.
- **기특하다**: 말하는 것이나 행동하는 것이 신통하여 귀염성이 있다.
- **용하다**: 기특하고 장하다.

10
May

각다분하다

- 일을 해 나가기가 힘들고 고되다.

예문
- 새로 일을 시작하는 것이 당장은 **각다분하겠지만** 시간이 지나면 나아질 것이다.

같이 알면 좋은 말
- **각박하다**: 인정이 없고 삭막하다.

23
August

무람없다

- 예의를 지키지 않으며 삼가고 조심하는 것이 없다.

예문
- 제 행동이 다소 버릇없고 **무람없었다면** 용서하십시오.
- 요즘 애들은 선생님께 **무람없이** 굴더라.

같이 알면 좋은 말
- **무례하다, 버릇없다**: 비슷한 뜻의 다른 말.
- **무엄하다**: 삼가거나 어려워함이 없이 아주 무례하다.

9
May

통섭

- 사물에 널리 통함.
- 전체를 도맡아 다스림.

예문
- IT 기술에 예술을 접목한 아이폰의 성공만 봐도 하나만 잘하는 것보다 **통섭**형 인재를 양성하는 것이 중요하다.
- 그는 육군, 해군, 공군을 **통섭**하는 장군이다.

같이 알면 좋은 말
- **통합**: 여러 요소들을 하나로 합침.

24 August

아기뚱아기뚱

- 작은 몸을 좌우로 둔하게 움직이며 느리게 걷는 모양.
- 작은 물체가 좌우로 둔하게 흔들리며 잇따라 느리게 움직이는 모양.
- 말이나 행동 따위를 매우 거만하고 앙큼하게 자꾸 하는 모양.

예문
- 아이가 **아기뚱아기뚱** 걸음마를 시작했다.

같이 알면 좋은 말
- **어기뚱어기뚱**: 키가 큰 사람이 몸을 좌우로 둔하게 움직이며 느리게 걷는 모양. 말이나 행동 따위를 자꾸 엉뚱하게 하는 모양.

청사진

- 미래에 대한 희망적인 계획이나 구상.

예문
- 우리 교육의 미래에 대한 **청사진**을 제시하다.

같이 알면 좋은 말
- **미래상**: 이상으로서 그리는 미래의 모습.
  - 그 소설은 어두운 시기에 밝은 **미래상**을 제시해 주고 있다.

25
August

을씨년스럽다

- 보기에 날씨나 분위기 따위가 몹시 스산하고 쓸쓸한 데가 있다.
- 보기에 살림이 매우 가난한 데가 있다.

예문
- 새벽 가을바람은 한층 **을씨년스럽다**.
- **을씨년스럽던** 살림살이가 조금씩 나아지고 있다.

같이 알면 좋은 말
- **쓸쓸하다**: 날씨가 으스스하고 음산하다.
- **궁색하다**: 아주 가난하다.

지엽적

- 본질적이거나 중요하지 아니하고 부차적인 것.

예문
- **지엽적**인 문제에만 집착해서는 큰일을 할 수 없다.
- "이 문제는 공부를 해도 맞힐 수 없는 문제 아닙니까? 변별력이 깡이다 이 뜻입니다. 너무 **지엽적**으로 냈다고."
  _ 전한길 강사
- "문제의 핵심은 그게 아냐! 네가 말한 건 **지엽적**인 일에 불과하지."

같이 알면 좋은 말
- **부차적**: 주된 것이 아니라 그것에 곁딸린 것.
- **이차적**: 근본적·중심적인 것에 비하여 부수적인 것.
- **중추적**: 사물의 중심이 되는 중요한 부분.

26
August

Failure is also a gift.
If you fail, you have no
choice but to take the
path of change.

때론 망하는 것도 선물입니다.
망하면 변화의 길로
들어설 수밖에 없거든요.

- **엘리자베스 길버트** Elizabeth Gilbert, 미국 언론인, 작가

6
May

오늘의 우리는
과거 생각에 대한 결과이다.
마음은 모든 것이다.
우리는 생각대로 그런 사람이 된다.

- 부처 Buddha

27
August

시나브로

- 모르는 사이에 조금씩 조금씩.

예문
- 그는 아내 몰래 **시나브로** 써버린 돈을 물어넣는 데 1년이 걸렸다.
- **＊물어넣다**: 축낸 물건이나 돈 따위를 갚다.

같이 알면 좋은 말
- **점차**: 차례를 따라 진행됨.
- **차차로, 차츰**: 어떤 사물의 상태가 시간의 흐름에 따라 일정한 방향으로 조금씩 진행하는 모양.

5
May

옴포동이

- 살이 올라 보드랍고 통통한 아이.

예문
- 이제 다섯 살이 된 수연이는 **옴포동이**다.

같이 알면 좋은 말
- **도담도담**: 어린애가 별탈없이 잘 자라는 모양.
- **밉둥피우다**: 어린아이가 미운짓을 하다.

28
August

대경하다

- 크게 놀라다.

예문
- 적이 침입했다는 소식에 장군은 **대경하며** 명령을 내렸다.

같이 알면 좋은 말
- **대경실색**: 몹시 놀라 얼굴빛이 하얗게 질림.
- **아연실색**: 뜻밖의 일에 얼굴빛이 변할 정도로 놀람.

4
May

불모지

- 식물이 자라지 못하는 거칠고 메마른 땅.
- 어떠한 사물이나 현상이 발달되어 있지 않은 곳. 또는 그런 상태를 비유적으로 이르는 말.

예문
- **불모지**로 버려진 땅을 개간하다.
- 이 분야에 대한 연구는 **불모지**나 다름없다.

같이 알면 좋은 말
- **황무지**: 내버려두어 거친 땅.
- **미개척지**: 아직 개척하지 못했거나 아니한 땅. 아직 개척하지 못한 분야.

29
August

머흘다

- 험하고 사납다.

예문
- 아침부터 바람이 **머흘더니** 장대비가 퍽퍽 쏟아졌다.
- 세상사가 참 **머흘다**.

같이 알면 좋은 말
- **그악스럽다**: 보기에 사납고 모진 데가 있다.

3
May

반증

- 어떤 사실이나 주장이 옳지 아니함을 그에 반대되는 근거를 들어 증명함. 또는 그런 증거.

예문
- 우리에겐 그 사실을 뒤집을 만한 **반증**이 없다.
- 묘수가 빛나는 바둑이란, 그동안 불리한 바둑이었다는 **반증**이다. _ 드라마 <미생> 대사 중에서

같이 알면 좋은 말
- **증명**: 어떤 사항이나 판단 따위에 대하여 그것이 진실인지 아닌지 증거를 들어서 밝힘.

30
August

도외시하다

- 상관하지 아니하거나 무시하다.

예문
- 현실을 **도외시**하다.
- 그의 말을 **도외시**해서는 안 된다.

같이 알면 좋은 말
- **몰라보다**: 알 만한 사실이나 사물을 보고도 알아차리지 못하다.
- **도회지**: 사람이 많이 살고 상공업이 발달한 번잡한 지역.

2
May

흰소리

- 터무니없이 자랑으로 떠벌리거나 거드럭거리며 허풍을 떠는 말.

예문
- 그가 하는 말의 절반은 **흰소리**다.

같이 알면 좋은 말
- **허풍, 허풍선**: 실제보다 지나치게 과장하여 믿음성이 없는 말이나 행동.
- **신소리**: 상대편의 말을 슬쩍 받아 엉뚱한 말로 재치 있게 넘기는 말.

31
August

대관절

- 여러 말 할 것 없이 요점만 말하건대.

예문
- "**대관절** 어떻게 된 일입니까?"
- "너 따위가 **대관절** 무엇이기에 감히 나를!"
  _ 드라마 <해를 품은 달> 대사 중에서

같이 알면 좋은 말
- **도대체, 대체**: 다른 말은 그만두고 요점만 말하자면.
- **요컨대**: 중요한 점을 말하자면.

호언하다

- 의기양양하여 호기롭게 말하다.

예문
- 경찰에서는 범인 검거가 시간 문제라고 **호언**하고 있다.

같이 알면 좋은 말
- **호언장담**: 호기롭고 자신 있게 말함.
- **큰소리치다**: 남 앞에서 잘난 체하며 뱃심 좋게 장담하거나 과장하다.

어른의 어휘 일력 365

September

9월

어른의 어휘 일력 365

May

5월

1
September

늦마

- 늦은 장마 비.

예문
- **늦마**가 계속되어 농민들의 피해가 늘었다.
- **늦마**가 끝나더니 다시 무더위가 찾아왔다.

같이 알면 좋은 말
- **늦장마**: 제철이 지난 뒤에 지는 장마.
- **먼지잼**: 비가 겨우 먼지나 날리지 않을 정도로 조금 옴.

30
April

방정하다

- 말이나 행동이 바르고 점잖다.

예문
- 매사에 **방정한** 은우가 우리 반의 회장을 맡아 안심이다.
- 품행이 **방정하고** 학업 성적이 우수하므로 상장을 수여함.

같이 알면 좋은 말
- **반듯하다**: 생김새가 아담하고 말끔하다.
- **단정하다**: 옷차림새나 몸가짐 따위가 얌전하고 바르다.
- **방정맞다**: 말이나 행동이 찬찬하지 못하고 몹시 까불어서 가볍고 점잖지 못하다.

學無止境
학무지경

배움에는 끝이 없다.
사람은 끊임없이 배워야 하므로
학습을 멈추지 마라.

I'm the rose
that came from the
concrete.

나는 콘크리트 속에서 피어난 장미다.

- 카디비 Cardi B, 미국 래퍼

3
September

하늬바람

- 맑은 날 서쪽에서 부는 서늘하고 건조한 바람.

예문
- **하늬바람**에 곡식이 모질어진다. (여름이 지나 서풍이 불면 곡식이 여물고 대가 세진다는 뜻의 속담)

같이 알면 좋은 말
- **높새바람**: 늦여름에 동해에서 태백산맥을 넘어오면서 불어오는 북동풍.
- **마파람**: 남쪽에서 불어오는 바람.
- **맞바람**: 사람이나 물체의 진행 방향과 반대 방향으로 부는 바람.
- **된바람**: 북쪽에서 불어오는 거센 폭풍.

28
April

필적

- 능력이나 세력이 엇비슷하여 서로 맞섬.

예문
- 지금까지 그의 소설에 **필적**할 만한 작품은 나오지 않았다.

같이 알면 좋은 말
- **비견하다, 병견하다**: 비슷한 위치에서 견주다. 또는 견주어지다.

4
September

액땜

- 앞으로 닥쳐올 액을 다른 가벼운 곤란으로 미리 겪음으로써 무사히 넘김.

예문
- 이번 사고를 올해 **액땜**한 셈으로 치면 된다.

같이 알면 좋은 말
- **액때움, 수땜**: 같은 뜻의 다른 말.

27
April

진의

- 속에 품고 있는 진짜 의도.

예문
- "이런 일을 벌이는 **진의**가 대체 뭐야?"
- 나는 그가 한 말의 **진의**를 파악하기 위해 한참 고민했다.

같이 알면 좋은 말
- **내심, 정심, 속마음**: 겉으로 드러나지 아니한 실제의 마음.
- **저의**: 겉으로 드러나지 아니한, 속에 품은 생각.

5
September

만무하다

- 절대로 없다.

예문
- 그렇게 착한 녀석이 사람을 죽였을 리 **만무하다**.

같이 알면 좋은 말
- **만무일실하다**: 실패하거나 실수할 염려가 조금도 없다.
- **만무시리하다**: 도무지 그럴 리가 없다.

26
April

금일

- 오늘. 지금 지나가고 있는 이날.

예문
- 물건을 **금일** 주문하시면 익일에 받으실 수 있습니다.
  (오늘이 4월 26일이므로, 지금 주문하면 4월 27일에 물건을 받을 수 있다는 뜻)

같이 알면 좋은 말
- **작일** : 어제. 오늘의 바로 하루 전날.
- **명일** : 내일. 오늘의 바로 다음 날.
- **익일** : 다음날. 특정한 어느 날 뒤에 오는 날.

6
September

존망

- 존속과 멸망 또는 생존과 사망을 아울러 이르는 말.

예문
- 국가의 **존망**은 젊은이들의 손에 달려 있다.

같이 알면 좋은 말
- **생사**: 삶과 죽음을 아울러 이르는 말.
- **운명**: 앞으로의 생사나 존망에 관한 처지.

25
April

지청구

- 아랫사람의 잘못을 꾸짖는 말.
- 까닭없이 남을 탓하고 원망함.

예문
- 그는 일이 잘 풀리지 않을 때면 애꿎은 주변 사람들에게 **지청구**를 늘어놓았다.

같이 알면 좋은 말
- **꾸지람, 꾸중** : 아랫사람의 잘못을 꾸짖는 말.
- **걱정** : 아랫사람의 잘못을 꾸짖음.
  - 늦게까지 술을 마셔서 부모님께 **걱정**을 들었다.

7
September

애로

- 어떤 일을 하는 데 장애가 되는 것.
- 좁고 험한 길.

예문
- "**애로**사항이 있으면 언제든지 얘기하세요."
- 그 길의 남쪽은 암벽으로 이루어진 **애로**이다.

같이 알면 좋은 말
- **곤란**: 사정이 몹시 딱하고 어려움.
- **장애**: 진행을 가로막아 거치적거리게 하거나 충분히 기능할 수 없게 함.

24
April

따따부따

- 딱딱한 말씨로 따지고 다투는 소리. 또는 그 모양.

예문
- "네가 왜 **따따부따** 남의 일에 참견이냐?"

같이 알면 좋은 말
- **가타부타**: 일에 대하여 옳다느니 그르다느니 함.
- **왈가왈부**: 어떤 일에 대하여 옳거니 옳지 않거니 하고 말함.

8
September

융숭하다

- 대우하는 태도가 정중하고 극진하다.

예문
- **융숭한** 대접을 받았다.

같이 알면 좋은 말
- **정중스럽다**: 태도나 분위기가 점잖고 엄숙하다.
- **지극하다**: 더할 수 없이 극진하다.
- **극진하다**: 어떤 대상에 대하여 정성을 다하는 태도가 있다.

23
April

홍조

- 아침 해가 바다에 비치어 붉게 물든 경치.
- 부끄럽거나 취하여 붉어짐. 또는 그런 빛.

예문
- 동해 바다에서 보는 **홍조**는 장관이다.
- 아이는 부끄러운 듯 얼굴에 **홍조**가 물들었다.

같이 알면 좋은 말
- **고조되다**: 사상이나 감정, 세력 따위가 한창 무르익거나 높아지다.

고양이 달걀 굴리듯

무슨 일이든 재치 있고 묘수 있게
해 나가는 모양을 이르는 말.

- 우리나라 속담

게으른 자여,
개미에게 가서 그가 하는 것을 보고
지혜를 얻으라.
좀 더 자자, 좀 더 졸자,
손을 모으고 좀 더 누워있자 하면
네 빈곤이 강도같이 오며,
네 곤핍이 군사같이 이르리라.

- 성경 잠언 6장 6절~11절

10 September

구태여

- 일부러 애써.

예문
- 네가 싫다면 **구태여** 나서지는 않겠다.
- **구태여** 이름까지 밝힐 필요는 없어요.

같이 알면 좋은 말
- **일부러**: 어떤 목적이나 생각을 가지고. 또는 마음을 내어 굳이.
- **기어코**: 어떠한 일이 있더라도 반드시.

21 April

창연하다

- 빛깔이 몹시 푸르다.
- 날이 저물어 어둑어둑하다.
- 몹시 서운하고 섭섭하다.
- 물건 따위가 오래되어 예스러운 느낌이 은근하다.

예문
- **창연한** 가을 하늘.
- **창연한** 저녁 빛이 들판에 깔린다.
- "보내는 정과 떠나는 회포 어찌 **창연치** 않으리오."
- 처마 끝에 녹슨 풍경이 **창연하게** 달려 있었다.

같이 알면 좋은 말
- **고색창연**: 오래되어 예스러운 풍치나 모습이 그윽함.

11
September

아스라이

- 보기에 아슬아슬할 만큼 높거나 까마득할 정도로 멀게.
- 기억이 분명하게 나지 않고 가물가물하게.
- 먼 곳에서 들려오는 소리가 분명하지 아니하고 희미하게.

예문
- 어린 시절의 고향 모습이 **아스라이** 떠오른다.
- "저기 사라진 별의 자리 **아스라이** 하얀 빛 한동안은 꺼내 볼 수 있을 거야."_윤하 곡 <사건의 지평선> 중에서

같이 알면 좋은 말
- **아득히**: 보이는 것이나 들리는 것이 희미하고 매우 멀게.

20 April

방약무인하다

- 곁에 사람이 없는 것처럼 아무 거리낌 없이 함부로 말하고 행동하는 태도가 있다.

예문
- 그들은 술에 취해 **방약무인하게** 굴었다.
- 남이 듣는 줄도 모르고 **방약무인하게** 떠든다.

같이 알면 좋은 말
- **방자하다**: 제멋대로 거리낌 없이 노는 태도.
- **변모없다**: 남의 체면을 돌보지 않고 말이나 행동을 함부로 하다.

12
September

곡해하다

- 사실을 옳지 아니하게 해석하다.
- 남의 말이나 행동을 본뜻과는 달리 좋지 아니하게 이해하다.

예문
- 그의 행동이 배신이라고 **곡해**되어 비난을 받았다.
- 왜 내 말을 바로 듣지 않고 **곡해**하니?

같이 알면 좋은 말
- **오해하다, 왜곡하다**: 사실과 다르게 그릇되게 해석하거나 뜻을 잘못 알다.

19
April

불야성

- 등불 따위가 휘황하게 켜 있어 밤에도 대낮같이 밝은 곳을 이르는 말.

예문
- 도시의 밤거리는 한밤중에도 **불야성**을 이룬다.
- 오징어 성어기가 되면 울릉도 밤바다는 어선들이 밝힌 집어등으로 **불야성**이다.

같이 알면 좋은 말
- **불바다**: 수많은 불이 밝게 켜져 있는 넓은 지역을 비유적으로 이르는 말.

13
September

졸속

- 어설프고 빠름. 또는 그런 태도.

예문
- 부실 공사는 **졸속** 행정과 부정부패가 빚어낸 결과이다.

같이 알면 좋은 말
- **졸렬**: 옹졸하고 천하여 서투르다.
  - 그들은 **졸렬**한 방법을 이용하여 권력을 잡았다.

18
April

명멸하다

- 불이 켜졌다 꺼졌다 하다.
- 먼 곳에 있는 것이 보였다 안 보였다 하다.

예문
- 지나는 사람이 없는 골목에서 가로등이 홀로 **명멸하고** 있었다.
- 바다의 수평선 끝에 작은 섬이 **명멸하고** 있다.

같이 알면 좋은 말
- **점멸하다**: 등불이 켜졌다 꺼졌다 하다. 또는 등불을 켰다 껐다 하다.

14 September

봇물 터지다

- (일이나 감정의) 상태가 급격히 활성화되다.

예문
- 경기가 끝나자 관객들이 **봇물 터지듯** 경기장을 쏟아져 나왔다.

같이 알면 좋은 말
- **봇물** : 보(농사에 쓰기 위한 물을 가둬 놓은 저수지)에 괸 물.
  - 가뭄이 유난히 심했던 그 해에는 **봇물**마저 깡그리 말라 버렸었다.

17
April

몽매간

- 잠을 자며 꿈을 꾸는 동안.

예문
- **몽매간**에도 잊지 못하던 그 모습을 보다니, 눈물이 날 것 같다.

같이 알면 좋은 말
- **꿈결**: 꿈을 꾸는 어렴풋한 동안.
- **몽중**: 꿈을 꾸는 동안.

15 September

예사스럽다

- 평범하여 대수롭지 아니하게 여길 만하다.
- 스스럼이 없어 자연스럽다.

예문
- 이번 일은 **예사스럽게** 넘길 일이 아니다.

같이 알면 좋은 말
- **자연스럽다**: 순리에 맞고 당연하다.
- **예사롭다**: 흔히 있을 만하다.

16
April

귀물스럽다

- 귀중한 물건인 듯하다.
- 드물어서 얻기 어렵다.

예문
- 재벌 회장의 집답게 여러 가지 **귀물스럽고** 호화로운 것으로 치장되어 있었다.
- 금고에 **귀물스러운** 물건을 보관하고 있다.

같이 알면 좋은 말
- **보물, 보재, 보배, 보화**: 드물고 귀한 가치가 있는 물건을 뜻하는 말.

Cock your hat.
angles are attitudes.

고개를 들어라.
각도가 곧 태도다.

- 프랭크 시나트라 Frank Sinatra, 미국 가수

진정한 무사(武士)는
추운 겨울날 얼어 죽을지언정
결불*을 쬐지 않는다.

- 우리나라 속담

*결불: 얻어 쬐는 불.

17
September

통렬하게

- 몹시 날카롭고 매섭게.

예문
- 사회의 모순을 **통렬하게** 비판하다.
- 지금은 경영진들의 **통렬한** 반성이 필요한 때입니다.

같이 알면 좋은 말
- **따끔하다**: 마음에 큰 자극을 받아 따갑다.
  - 내가 **따끔하게** 한 마디 해야겠어.

14
April

하릴없이

- 달리 어떻게 할 도리가 없이.
- 조금도 틀림이 없이.

예문
- 바닷가에 앉아 **하릴없이** 물결만 바라보고 있었다.
- 여행을 마치고 돌아온 그의 행색은 딱 **하릴없는** 거지였다.

같이 알면 좋은 말
- **하염없이**: 시름에 싸여 멍하니 이렇다 할 만한 생각이 없이.
  - 우울하고 **하염없는** 기분으로 그 자리에 한참을 앉아 있었다.

18 September

나부시

- 작은 사람이 매우 공손하게 머리를 숙여 절하는 모양.
- 작은 사람이나 물체가 천천히 땅 쪽으로 내리거나 차분하게 앉는 모양.

예문
- 오랜만에 뵙는 친척들께 **나부시** 인사를 드렸다.
- 깃털 하나가 바닥에 **나부시** 내려앉았다.

같이 알면 좋은 말
- **너부시**: 큰 사람이 매우 공손하게 머리를 숙여 절하는 모양.
- **나긋하다**: 사람을 대하는 태도가 상냥하고 부드럽다.

13
April

잡도리

- 단단히 준비하거나 대책을 세움. 또는 그 대책.
- 잘못되지 않도록 엄하게 단속하는 일.
- 아주 요란스럽게 닦달하거나 족치는 일.

예문
- 이번에 **잡도리**를 못 하면 더 버릇없는 사람이 되고 말 것이다.
- "뭘 허구한 날 **잡도리**만 합니까?"
  _드라마 <스타트업> 대사 중에서

같이 알면 좋은 말
- **단도리** : 일을 하는 순서나 방법을 뜻하는 일본어. '채비' 혹은 '단속'으로 순화한다.
- **당조짐** : 정신을 차리도록 단단히 단속하고 조임.

19
September

유기적

- 생물체처럼 전체를 구성하고 있는 각 부분이 서로 밀접하게 관련을 가지고 있어서 떼어 낼 수 없는 것.

예문
- 사람은 다른 사람과 **유기적** 관계를 맺고 사는 사회적 동물이다.
- 글과 글이 **유기적**으로 얽혀 있다.

같이 알면 좋은 말
- **상보적**: 서로 모자란 부분을 보충하는 관계에 있는.
- **긴밀하다**: 서로의 관계가 매우 가까워 빈틈이 없다.

12
April

바특하다

- 두 대상이나 물체 사이가 조금 가깝다.
- 시간이나 길이가 조금 짧다.
- 국물이 조금 적어 묽지 아니하다.

예문
- 도로변에 차들이 **바특하게** 서 있다.
- "디자인을 지금 수정하기엔 일정이 너무 **바특해요!**"
- 라면을 **바특하게** 끓여서 짜다.

같이 알면 좋은 말
- **되직하다**: 죽이나 풀 따위가 묽지 않고 조금 되다.
- **걸쭉하다**: 액체가 묽지 않고 꽤 걸다.

20 September

와짝

- 갑자기 많이씩 늘어나거나 줄어드는 모양.
- 기운이나 기세가 갑자기 커지는 모양.
- 여럿이 달라붙어 일 따위를 단숨에 해치우는 모양.

예문
- 벼가 며칠 사이에 몰라볼 만큼 **와짝** 자랐다.
- 발부리에 돌이 채이거든 / 감았던 눈을 **와짝** 떠라.
  _윤동주 시 <눈 감고 간다> 중에서

같이 알면 좋은 말
- **우쩍**: 갑자기 힘을 쓰거나 기세나 기운 따위가 갑자기 솟아나는 모양.

11
April

밑글

- 이미 알고 있어 밑천이 되는 글.
- 배우고 있는 책에서 이미 배운 부분의 글.

예문
- 그는 **밑글**이 있어서 이해가 빨랐다.
- 교과서의 **밑글** 하나도 온전히 기억하지 못한다.

같이 알면 좋은 말
- **배경지식**: 어떤 일을 하거나 연구할 때, 이미 머릿속에 들어 있거나 기본적으로 필요한 지식.

21
September

어리마리

- 잠이 든 둥 만 둥 하여 정신이 흐릿한 모양.

예문
- 문밖에서 속삭이는 소리가 **어리마리** 잠이 들던 나를 긴장시켰다.

같이 알면 좋은 말
- **어리바리**: 정신이 또렷하지 못하거나 기운이 없어 몸을 제대로 놀리지 못하고 있는 상태.

10
April

된서리

- 늦가을에 아주 되게 내리는 서리.
- 모진 재앙이나 타격을 비유적으로 이르는 말.

예문
- 부정을 일삼던 관리들에게 **된서리**가 내렸다.
- **된서리**가 내려 수확을 앞둔 농작물에 피해를 입었다.

같이 알면 좋은 말
- **엄상**: 늦가을에 아주 되게 내리는 서리.
- **재앙**: 천재지변으로 인한 불행한 사고.

22
September

깨웃

- 고개나 몸 따위를 한쪽으로 매우 귀엽게 조금 기울이는 모양.

예문
- 지각한 김 사원은 문틈으로 고개를 **깨웃**거리며 팀장님 얼굴을 살폈다.

같이 알면 좋은 말
- **기웃**: 무엇을 보려고 고개나 몸 따위를 한쪽으로 조금 기울이는 모양.
- **갸웃, 까웃**: 고개나 몸 따위를 한쪽으로 조금 갸울이는 모양.

9
April

친선

- 서로 간에 친밀하여 사이가 좋음.

예문
- **친선**을 도모하다.
- 국가대표 **친선** 경기가 월드컵 경기장에서 열린다.

같이 알면 좋은 말
- **친목** : 서로 친하여 화목함.
- **친밀** : 지내는 사이가 매우 친하고 가까움.
- **우호** : 개인끼리나 나라끼리 서로 사이가 좋음.

"내가 그다지 사랑했던 그대여.
내 한평생에 차마 그대를 잊을 수 없소이다.
내 차례에 못 올 사랑인 줄은 알면서도
나 혼자는 꾸준히 생각하리다.
자, 그러면 내내 어여쁘소서."

- 이상 <이런 시> 중에서

8
April

Shoot for the moon.
Even if you miss,
You'll land
among the stars.

달을 향해 쏴라.
빗나가도 별들 사이에 도착할 것이다.

- 레스 브라운 Les Brown, 미국 정치인, 동기부여 연설가

24
September

서늘바람

- 첫 가을에 부는 서늘한 바람.

예문
- 9월 중순이 넘어가니 **서늘바람**이 불어서 바깥 활동 하기 좋다.

같이 알면 좋은 말
- **가을바람, 상풍, 추풍**: 가을에 부는 선선하고 서늘한 바람.
- **색바람**: 이른 가을에 부는 선선한 바람.

7 April

알음알이

- 약삭빠른 수단.
- 서로 가까이 아는 사람.

예문
- **알음알이**로 일자리를 구했다.

같이 알면 좋은 말
- **알이알이**: 같은 뜻의 다른 말.
- **알음알음**: 서로 아는 관계.

25 September

휘뚜루마뚜루

- 이것저것 가리지 아니하고 닥치는 대로 마구 해치우는 모양.

예문
- 에코백은 **휘뚜루마뚜루** 들고 다니기 좋다.
- 나는 계획 없이 **휘뚜루마뚜루** 돌아다니는 여행을 좋아한다.

같이 알면 좋은 말
- **휘뚤휘뚤**: 길 따위가 이리저리 구부러져 있는 모양.

6
April

서름하다

- 남과 가깝지 못하고 사이가 조금 서먹하다.
- 사물 따위에 익숙하지 못하고 서툴다.

예문
- 시간이 꽤 흘렀지만 아직도 몇몇 사람과는 **서름한** 상태이다.
- 부모님은 키오스크 주문이 **서름해서** 쩔쩔 매신다.

같이 알면 좋은 말
- **서먹하다**: 낯이 설거나 친하지 않아 어색하다.

26
September

으밀아밀

- 비밀히 이야기하는 모양.

예문
- "**으밀아밀**하게 할 말이 있어 따로 불렀어."
- 다들 벌써 눈치 채고 있는 분위기라 **으밀아밀**할 필요가 없었다.

같이 알면 좋은 말
- **속살대다**: 남이 알아듣지 못하도록 작은 목소리로 자질구레하게 자꾸 이야기하다.

사고무친

- 의지할 만한 사람이 아무도 없음.

예문
- **사고무친**의 외로운 신세.
- "제 나이 아홉 살에 부모님을 여의고 **사고무친**하여 혈혈단신으로 견뎌 온 처지입니다."

같이 알면 좋은 말
- **여의다**: 부모나 사랑하는 사람이 죽어서 이별하다.
- **사고무탁**: 의탁할 만한 사람이 아무도 없음.

27
September

존조리

- 잘 타이르듯이 조리 있고 친절하게.

예문
- 할아버지는 손녀를 **존조리** 나무라셨다.

같이 알면 좋은 말
- **조곤조곤**: 성격이나 태도가 조금 은근하고 끈덕지다.

4
April

난연하다

- 빛나는 것이 밝다.
- 눈부시게 아름답다.

예문
- 진열장엔 보석들이 **난연한** 빛을 발하고 있었다.
- 햇살이 푸른 나뭇잎을 **난연하게** 비추었다.

같이 알면 좋은 말
- **찬연하다**: 빛 따위가 눈부시게 밝다.

28 September

깨단하다

- 오랫동안 생각해 내지 못하던 일 따위를 어떠한 실마리로 말미암아 깨닫거나 분명히 알다.

예문
- 번번이 사업에 실패했던 이유를 이제야 **깨단하게** 되다니!

같이 알면 좋은 말
- **깨치다**: 일의 이치 따위를 깨달아 알다.
  - 다섯 살밖에 되지 않은 아이가 벌써 한글을 **깨쳤다**.

멸칭

- 경멸하여 일컬음. 또는 그렇게 부르는 말.

예문
- 한국 사회에서 '기레기'라는 **멸칭**이 보편화됐다.
- "그렇게 **멸칭**해서 부르지 말라고 했잖아."

같이 알면 좋은 말
- **비어**: 대상을 낮추거나 낮잡는 뜻으로 이르는 말.
- **상소리**: 거칠고 상스러운 말이나 소리.
- **속어**: 통속적으로 쓰는 저속한 말.

29
September

고매하다

- 인격이나 품성, 학식, 재질 따위가 높고 빼어나다.

예문
- **고매한** 인격이란 하루아침에 이루어지는 것이 아니다.

같이 알면 좋은 말
- **고결하다**: 성품이 고상하고 순결하다.
- **고아하다**: 뜻이나 품격 따위가 높고 우아하다.

2
April

답청

- 봄에 파랗게 난 풀을 밟으며 산책함. 또는 그런 산책.

예문
- 옛날 사람들은 따뜻한 봄날에 들에 나가 **답청**하며 즐길 여유가 있었다.

같이 알면 좋은 말
- **산보**: 휴식을 취하거나 건강을 위해서 천천히 걷는 일.

不可近不可遠

불가근 불가원

인간 관계는 너무 가까워서도 안 되고
너무 멀어서도 안 된다.

1
April

Life isn't about waiting for the storms to pass. It's about learning how to dance in the rain.

인생이란 폭풍우가
지나가기를 기다리는 것이 아니라
빗속에서 춤추는 법을 배우는 것이다.

- 비비안 그린 Vivian Green, 영국 작가

─ 어른의 어휘 일력 365 ─

October

10월

어른의 어휘 일력 365

April

4월

1
October

오도카니

- 작은 사람이 넋이 나간 듯이 가만히 한자리에 서 있거나 앉아 있는 모양.

예문
- 그는 방 안에 혼자 **오도카니** 앉아 있었다.

같이 알면 좋은 말
- **우두커니** : 넋이 나간 듯이 가만히 한자리에 서 있거나 앉아 있는 모양.
- **하릴없이** : 달리 어떻게 할 도리가 없이.

31
March

몽글하다

- 먹은 음식이 잘 삭지 않아 가슴에 뭉치어 있는 듯하다.
- 슬픔이나 노여움 따위의 감정이 복받치어 가슴이 갑자기 꽉 차는 듯하다.
- 덩이진 물건이 겉으로 무르고 매끄럽다.

 예문
- 밥을 급하게 먹었더니 소화가 안되어 속이 **몽글하다**.
- 노여움으로 가슴이 **몽글하다**.
- **몽글한** 토마토.

같이 알면 좋은 말
- **몽클하다, 뭉클하다** : '몽글하다'보다 거센 느낌을 주는 말.
- **몽글몽글** : 덩이진 물건이 말랑말랑하고 몹시 매끄러운 느낌.

2
October

졸금졸금

- 비가 조금씩 자꾸 내렸다 멎었다 하는 모양.
- 눈물 따위의 액체가 조금씩 자꾸 나왔다 그쳤다 하는 모양.

예문
- 종일 날이 흐리고 안개비가 **졸금졸금**한다.
- 주사가 많이 아픈지 아이가 눈물을 **졸금졸금**한다.

같이 알면 좋은 말
- **질금질금, 잘금잘금** : 비슷한 뜻의 다른 말.

30
March

도탑다

- 서로의 관계에 사랑이나 인정이 많고 깊다.

예문
- 성우와 진이는 신의가 **도탑다**.
- 지안이는 아버지의 **도타운** 사랑을 받으며 자랐다.

같이 알면 좋은 말
- **돈독하다**: 도탑고 성실하다.
- **애틋하다**: 정답고 알뜰한 맛이 있다.

3
October

상계

- 채무자와 채권자가 같은 종류의 채무와 채권을 가지는 경우에, 일방적 의사 표시로 서로의 채무와 채권을 같은 액수만큼 소멸함. 또는 그런 일.

예문
- "지난번에 빌린 돈 오늘 술값으로 **상계**하면 안 될까?"

같이 알면 좋은 말
- **상쇄**: 같은 뜻의 다른 말.
- **퉁치다**: 주고받을 물건이나 일 따위를 비겨 없애다.

29
March

대거리

- 상대편에게 맞서서 대듦. 또는 그런 말이나 행동.
- 서로 상대의 행동이나 말에 응하여 행동이나 말을 주고받음.

예문
- 엄마는 평소 사이가 안 좋은 옆집 아줌마와 **대거리**를 하였다.
- 그런 작은 일까지 일일이 **대거리**할 필요 없다.

같이 알면 좋은 말
- **대응**: 어떤 일이나 사태에 맞추어 태도나 행동을 취함.

4
October

자그시

- 살며시 힘을 주는 모양.
- 조용히 참고 견디는 모양.

예문
- 입술을 **자그시** 깨물다.
- 그는 눈을 감고 분노를 **자그시** 가라앉혔다.

같이 알면 좋은 말
- **지그시, 재그시** : 같은 뜻의 다른 말.
- **슬며시** : 행동이나 사태 따위가 은근하고 천천히.

28
March

너울가지

- 남과 잘 사귀는 솜씨.

예문
- 그는 **너울가지**가 좋아 사람을 만나는 직업에 잘 맞는다.
- 이준이는 MBTI가 ENFP라 그런지 **너울가지**가 참 좋다.
- **너울가지**가 좋은 아이로 키우고 싶다.

같이 알면 좋은 말
- **붙임성**: 남과 잘 사귀는 성질이나 수단.
- **포용성**: 남을 너그럽게 감싸 주거나 받아들이는 성질.

5
October

자리끼

- 밤에 자다가 마시기 위하여 잠자리의 머리맡에 준비하여 두는 물.

예문
- 물 한 사발을 발딱발딱하더니만 구석에 놓여 있던 **자리끼**까지 말끔히 마셔 버렸다.
- 이 제품은 스포츠, 일, 목욕으로 땀을 흘렸을 때와 **자리끼** 등 수분공급에 아주 적합한 음료입니다.
  _이온 음료 '포카리스웨트' 제품 설명 중에서

같이 알면 좋은 말
- **자릿물**: '자리끼'의 강원도 방언
- **발딱발딱**: 잇따라 액체를 급하고 빠르게 들이켜는 모양.

27 March

마수걸이

- 맨 처음으로 부딪는 일.
- 맨 처음으로 물건을 파는 일. 또는 거기서 얻은 소득.

예문
- **마수걸이**치고는 짭짤한 소득을 얻었다.
- 손흥민 선수가 4경기 만에 드디어 시즌 **마수걸이** 골을 넣었다.

같이 알면 좋은 말
- **개시**: 하루 중 처음으로, 또는 가게 문을 연 뒤 처음으로 이루어지는 거래.

6
October

시과

- 열매의 껍질이 얇은 막 모양으로 돌출하여 날개를 이루어 바람을 타고 멀리 날아 흩어지는 열매.

예문
- 나무에서 떨어진 **시과**가 바람을 타고 날아간다.
- 단풍나무의 **시과**는 나선 모양으로 빙글빙글 돌며 떨어진다.

같이 알면 좋은 말
- **구과**: 비늘 조각이 여러 겹으로 포개어져 둥근형인 열매. 솔방울이 여기에 속한다.
- **협과**: 꼬투리로 맺히는 열매. 콩과 식물이 여기에 속한다.
- **견과**: 단단한 껍데기와 깍정이에 싸여 한 개의 씨만 들어 있는 나무 열매. 밤, 호두가 여기에 속한다.

26
March

공수표

- 실행이 없는 약속을 비유적으로 이르는 말.
- 은행에 거래가 없거나 거래가 정지된 사람이 발행한 수표.

예문
- "좋습니다. 나중에 술 산다는 말, **공수표** 떼지 마세요."
- 선거철마다 **공수표** 공약을 내세우는 정치인들이 문제다.

같이 알면 좋은 말
- **빈말**: 실속 없이 헛된 말.
- **부도수표**: 지불 은행에서 지불을 거절당한 수표.

上善若水

상선약수

인생을 물처럼 살아라.

물의 성질처럼 다른 사람을 이롭게 하고,
도와주는 것에 아낌이 없으며, 자기를 주장하는 데
급급하지 않고, 어떠한 상황에도 능동적으로
대처하는 삶의 자세를 권하는 말.

25
March

Eh, everybody makes mistakes, that's why they put erasers in the backs of pencils.

모든 사람은 실수를 해.
그래서 연필 뒤에 지우개가 있는 거라고.

- 애니메이션 <더 심슨 the Simsons> 대사 중에서

8
October

온새미

- (주로 '온새미로' 꼴로 쓰여) 가르거나 쪼개지 않고 생긴 그대로.

예문
- "갈치는 토막 내주시고, 고등어는 **온새미**로 한 마리 주세요."
- 그 아이는 순진해서 무슨 말이든 **온새미**로 듣는다.

같이 알면 좋은 말
- **통거리**: 어떤 물건이나 일을 가리지 아니한 채 모두.
- **도거리**: 따로따로 나누지 않고 한데 합쳐서 몰아치는 일.

24
March

헛헛하다

- 채워지지 않은 허전한 느낌이 있다.

예문
- 오늘은 괜스레 마음이 **헛헛하여** 일이 손에 잡히지 않는다.
- 속이 **헛헛했는데** 밥을 먹고 나자 제대로 속이 찬 것같이 든든했다.
- 말을 많이 하고 난 날은 **헛헛한** 마음이 든다.

같이 알면 좋은 말
- **헛헛증, 시장기**: 배 속이 빈 듯한 느낌. 또는 그런 증세.
- **허전하다**: 무엇을 잃거나 의지할 곳이 없어진 것같이 조금 서운한 느낌이 있다.

9
October

가시버시

- 남편과 아내를 아울러 이르는 말. '가시'는 각시를 뜻하는 옛말, '버시'는 벗을 뜻하는 옛말로 '남편이 아내를 벗삼아 정답게' 즉, '부부 둘이 오손도손'이라는 뜻이다.

예문
- 그들은 동네에서 사이좋기로 소문난 **가시버시**다.
- "무슨 일이 있어 **가시버시** 차려 입고 나서는가?"

같이 알면 좋은 말
- **부부, 부처, 내외, 안팎, 이인, 항배**: 같은 뜻의 다른 말.

23
March

자몽하다

- 졸릴 때처럼 정신이 흐릿한 상태이다.

예문
- 문수는 수업 시간마다 **자몽해서** 선생님께 항상 지적을 당한다.
- "어제 <선재업고 튀어> 보느라 잠을 못 잤더니 종일 **자몽하네.**"

같이 알면 좋은 말
- **수박하다**: 붙잡아 묶다.
- **포도하다**: 도둑을 잡다. 죄를 짓고 달아나다.
- **호박하다**: 크고 넓다.
- **오이하다**: 충고하는 말이 귀에 거슬리다.

10
October

꼬두람이

- 여러 형제, 자매 중에서 맨 나중에 난 사람. 막내.

예문
- 그는 집에서 **꼬두람이**라 그런지 가끔 어린애같은 구석이 있다.

같이 알면 좋은 말
- **막둥이, 막동이, 막내둥이**: '막내'를 귀엽게 이르는 말.
- **맏이**: 여러 형제자매 가운데서 제일 손위인 사람.

22
March

부아

- 노엽거나 분한 마음.

예문
- 나는 끓어오르는 **부아**를 꾹 참았다.
- 자식 자랑을 하는 모습에 은근히 **부아**가 났다.

같이 알면 좋은 말
- **분노**: 분개하여 몹시 성을 냄. 또는 그렇게 내는 성.
- **부하**: 직책상 나보다 더 낮은 자리에 있는 사람.

11
October

소적하다

- 지내는 사이가 두텁지 아니하고 서먹서먹하다.
- 오랫동안 떨어져 있어서 왕래가 없다.

예문
- 우리는 한동안 **소적하게** 지냈다.

같이 알면 좋은 말
- **소홀하다**: 탐탁하지 아니하고 데면데면함.
- **데면데면하다**: 사람을 대하는 태도가 친밀감이 없이 예사롭다.

21
March

마뜩하다

- 제법 마음에 들 만하다.

예문
- 나는 그의 행동이 **마뜩하지** 않다.
- 그가 성공한 과정에는 **마뜩지** 못한 부분이 있다.

같이 알면 좋은 말
- **흡족하다** : 조금도 모자람이 없을 정도로 넉넉하여 만족스러운 상태에 있다.

12
October

성마르다

- 참을성이 없고 성질이 조급하다.

예문
- **성마른** 성격 때문에 다른 사람들과 자주 충돌한다.

같이 알면 좋은 말
- **성급하다**: 성질이 급하다.
- **조급하다**: 참을성이 없이 몹시 급하다.

20
March

감응하다

- 어떤 느낌을 받아 마음이 따라 움직이다.
- 믿거나 비는 정성이 신령에게 통하다.

예문
- 사랑하는 사람과 헤어지니 좋은 음악을 들어도 **감응하지** 않는다.
- 정성 어린 병구완에 하늘도 **감응했는지** 아버지는 건강을 되찾으셨다.

같이 알면 좋은 말
- **감복하다**: 감동하여 충심으로 탄복하다.
- **부응하다**: 어떤 요구나 기대 따위에 좇아서 응하다.

13
October

훔착훔착

- 눈물 따위를 자꾸 요리조리 훔쳐 씻는 모양.
- 보이지 아니하는 데 있는 것을 찾으려고 자꾸 요리조리 더듬어 뒤지는 모양.
- 움켜잡듯이 자꾸 거칠게 갈작이는 모양.

예문
- 영화가 슬픈지 눈물을 **훔착훔착** 닦았다.
- 주머니에서 무엇인가를 **훔착훔착** 찾았다.

같이 알면 좋은 말
- **훔치작훔치작, 훔치적훔치적** : 비슷한 뜻의 다른 말.

19 March

상서롭다

- 복되고 길한 일이 일어날 조짐이 있다.

예문
- **상서로운** 기운이 그 아이의 주위를 감돌고 있었다.
- 예로부터 흰색 동물은 **상서롭게** 여겨져 왔는데 지리산에서 7년 만에 흰색 오소리가 발견되어 화제이다.
- 어젯밤에 똥돼지 꿈을 꾸었는데 **상서로운** 징조가 틀림없다.

같이 알면 좋은 말
- **길하다**: 운이 좋거나 일이 상서롭다.
- **상스럽다**: 말이나 행동이 보기에 천하고 교양이 없다.

Our own shadow
leaves you
when you are in
darkness.

타인을 너무 믿지 말라.
너의 그림자조차도
어두워지면 떠나는 법이다.

- 이븐 타이미야Ibn Taymiyyah, 시리아 법학자, 신학자

18
March

A smooth sea never made a skilled mariner.

잔잔한 바다는 노련한 사공을 만들지 못한다.

- 아프리카 속담

15
October

꽃잠

- 깊이 든 잠.
- 결혼한 신랑 신부가 처음으로 함께 자는 잠.

예문
- 어젯밤 **꽃잠**을 잤더니 피로가 풀렸다.

같이 알면 좋은 말
- **귀잠, 숙면**: 아주 깊이 든 잠.
- **한잠**: 잠시 자는 잠, 깊이 든 잠.
  - 밤새 **한잠**도 못 잤다.
  - **한잠** 늘어지게 잤다.

17
March

살풍경

- 보잘것없이 메마르고 스산한 풍경.
- 매몰차고 흥취가 없음.

예문
- 광기가 어린 **살풍경**은 귀신이라도 잡을 듯했다.
- 내버려진 지가 오래된 들녘은 그야말로 **살풍경**이었다.

같이 알면 좋은 말
- **을씨년스럽다**: 보기에 날씨나 분위기 따위가 몹시 스산하고 쓸쓸한 데가 있다.

16
October

흐노니

- 무엇인가를 몹시 그리면서 동경하다.

예문
- 떠나버린 그가 사무치도록 **흐노니**, 밤잠을 이룰 수 없다.

같이 알면 좋은 말
- **동경하다**: 어떤 것을 간절히 그리워하여 그것만을 생각하다.
- **그리다**: 사랑하는 마음으로 간절히 생각하다.

16
March

미혹

- 무엇에 홀려 정신을 차리지 못함.
- 정신이 헷갈리어 갈팡질팡 헤맴.

예문
- 주식 투자를 할 땐 남의 말에 **미혹**되어선 안 된다.
- "전하께서 그대의 참소에 **미혹**되시고 해서, 그대 또한 잠시나마 허튼 기대에 부풀었겠지만 이것만큼은 기억하고 사시오. 세상은 그렇게 쉽게 바뀌는 것이 아닙니다."
  _드라마 <정도전> 대사 중에서

같이 알면 좋은 말
- **유혹**: 꾀어서 정신을 혼미하게 하거나 좋지 아니한 길로 이끎.
- **현혹**: 정신을 빼앗겨 할 일을 잊어버림.

17
October

온누리

- 사람들이 생활하고 있는 세상 전부.

예문
- 밤새 눈이 소복히 쌓여 **온누리**가 새하얗다.

같이 알면 좋은 말
- **누리** : '세상'을 뜻하는 옛말.
- **가온누리** : 가운데를 뜻하는 '가온'과 세상을 뜻하는 '누리'의 합성어. 세상의 중심.

15
March

기름하다

- 조금 긴 듯하다.

예문
- 공주의 **기름한** 속눈썹이 맑은 동자를 싸안아 고요히 웃음을 풍기기 시작한다.

같이 알면 좋은 말
- **갸름하다**: 보기 좋을 정도로 조금 가늘고 긴 듯하다.
- **개름하다**: 귀여우면서도 조금 긴 듯하다.

18
October

그루잠

- 깨었다가 다시 든 잠.

예문
- 내일 발표가 걱정되어 밤새 **그루잠**잤다.

같이 알면 좋은 말
- **두벌잠**: 한 번 들었던 잠이 깨었다가 다시 드는 잠.
- **사로잠**: 염려가 되어 마음을 놓지 못하고 조바심하며 자는 잠.
- **선잠**: 깊이 들지 못하거나 흡족하게 이루지 못한 잠.

14
March

가관

- '꼴이 볼만하다'는 뜻으로 남의 언행이나 어떤 상태를 비웃는 상황에 쓰이는 말.

예문
- 잘난 체하는 꼴이 정말 **가관**이다.

같이 알면 좋은 말
- **꼴값**: 격에 맞지 아니하는 아니꼬운 행동.
- **꼴불견**: 하는 짓이나 겉모습이 차마 볼 수 없을 정도로 우습고 거슬림.

19
October

뽀로로

- 몸집이 작은 사람이 종종걸음으로 바쁘게 달리거나 쫓아가는 모양.

예문
- "어딜 그렇게 **뽀로로** 가는 거야?"
- 선준은 어린 딸이 **뽀로로** 달려오는 모습을 보고 미소를 지었다.

같이 알면 좋은 말
- **포로롱**: 마른 낙엽, 얇은 종이 따위가 바람에 가볍게 날리는 모양.

13 March

호오

- 좋음과 싫음.

예문
- **호오**의 구별이 뚜렷하다.
- 부장님은 내 **호오**는 중요하지 않다는 듯 말씀하셨다.

같이 알면 좋은 말
- 호불호: 좋음과 좋지 않음.

20 October

올리사랑

- 자식의 부모에 대한 사랑, 또는 아랫사람의 윗사람에 대한 사랑.

예문
- 부모님의 한없는 내리사랑을 경험하고 나도 **올리사랑**을 실천하리라 마음먹었다.
- 요양보호사들은 어르신들을 향한 **올리사랑**을 실천한다.

같이 알면 좋은 말
- **치사랑**: 손아랫사람이 손윗사람을 사랑함. 또는 그런 사랑.
- **내리사랑**: 손윗사람이 손아랫사람을 사랑함. 또는 그런 사랑. 특히 자식에 대한 부모의 사랑을 이르는 말.

12
March

아름답다

- 하는 일이나 마음씨 따위가 훌륭하고 갸륵한 데가 있다.
- 나답다. 15세기 문헌 《석보상절》에서는 '아름답다'를 '아(我)답다'라고 표현하는데, 여기서 '아(我)'는 '나'라는 뜻이기 때문에 '아름답다'는 곧 '나답다'로 바꿔 부를 수 있다.
- 널리 쓰이는 뜻은 '즐거움과 기쁨을 줄 만큼 예쁘고 곱다.'이지만 여기서는 다른 뜻을 사용함.

예문
- "남의 시선을 지나치게 의식하지 않는 지금 너의 모습이 **아름답다**고 생각해."

같이 알면 좋은 말
- **갸륵하다**: 착하고 장하다.

삼류는 자신의 능력을 쓰고,
이류는 타인의 힘을 활용하고,
일류는 타인의 능력을 이끌어낸다.

- 한비자 韓非子, 중국 철학자

11
March

Be kind,
for everyone you
meet is fighting
a hard battle.

친절하라,
당신이 만나는 사람 모두가
힘든 싸움을 하고 있다.

- 플라톤 platon, 그리스 철학자

22
October

유휴

- 쓰지 아니하고 놀림.

예문
- **유휴** 자금으로 새로운 사업을 시작했다.
- "팀장님은 내가 못미더운지 아무 일도 안 맡기셔. **유휴** 인력이 된 기분이야."

같이 알면 좋은 말
- **놀리다**: 직업이나 일정히 하는 일이 없이 지내게 하다.

10 March

여반장

- '손바닥을 뒤집는 것 같다'는 뜻으로 일이 매우 쉬움을 이르는 말.

예문
- "세상만사가 **여반장**처럼 쉬운 줄 아나봐."
- "힘 있는 사람에게 이 정도 일은 **여반장**이 아니겠어?"

같이 알면 좋은 말
- **이여반장**(易如反掌): 손바닥을 뒤집는 것과 같이 쉽다.

23
October

와전

- 사실과 다르게 전함.

예문
- "내가 한 말이 한 다리 두 다리 건너더니 완전히 **와전**이 되었구나."
- **와전**에서 비롯된 오해가 큰 싸움을 불러왔다.

같이 알면 좋은 말
- **오전, 유전**: 비슷한 뜻의 다른 말.
- **이와전와**: 거짓말에 또 거짓말이 섞여 자꾸 전하여 감.

9
March

순리

- 순한 이치나 도리.
- 도리나 이치에 순종함.

예문
- **순리**에 맞게 일을 처리하다.

같이 알면 좋은 말
- **도리**: 사람이 어떤 입장에서 마땅히 행하여야 할 바른길.
- **이치**: 도리에 맞는 취지.
- **정도**: 바른 규칙.

24
October

피둥피둥

- 볼썽사나울 정도로 살쪄서 꽤 퉁퉁한 모양.
- 남의 말을 잘 듣지 아니하고 엇나가는 모양.

예문
- 명절 음식을 너무 많이 먹었더니 **피둥피둥** 살이 쪘다.
- 진서는 도와 달라는 어머니의 말씀을 들은 척도 않고 **피둥피둥** 놀기만 했다.

같이 알면 좋은 말
- **패둥패둥**: 볼썽사나울 정도로 살쪄서 꽤 퉁퉁한 모양.
- **핀둥핀둥**: 게으름을 피우며 아무 일도 하지 않고 놀기만 하는 모양.

8
March

참칭하다

- 분수에 넘치게 스스로를 임금이라 이르다.
- 분수에 넘치는 칭호를 스스로 이르다.

예문
- "애들 앞세워 점수 앵벌이하는 제가 나쁩니까? 인질로 잡혀 있는 학생부 앞세워 교권을 **참칭하는** 게 나쁩니까?"
  _ 드라마 〈졸업〉 대사 중에서

같이 알면 좋은 말
- **자칭하다**: 자기 자신이나 자기가 한 일을 스스로 칭찬하다.

25
October

비나리

- 남의 환심을 사려고 아첨함.

- 그는 상사에게 **비나리**를 쳤지만 승진에 실패했다.

같이 알면 좋은 말
- **희나리**: 채 마르지 아니한 장작.
- **비비다**: 다른 사람의 비위를 맞추거나 아부하는 행동을 하다.
  - 신 차장은 부장에게 너무 손을 **비빈다**.

7
March

자발떨다

- 행동이 가볍고 참을성이 없음을 겉으로 나타내다.

예문
- "**자발떨지** 말고 내 얘기를 진지하게 들어 봐."
- "쟤는 처음 보는 사람 앞에서도 **자발떠네**?"

같이 알면 좋은 말
- **자발없다**: 행동이 가볍고 참을성이 없다.

26
October

눈바래기

- 멀리 나가지 않고 눈으로 배웅하다.

예문
- 본가에 갈 때마다 **눈바래기** 하시던 부모님이 떠올라 가슴이 뭉클했다.

같이 알면 좋은 말
- **마중**: 오는 사람을 나가서 맞이함.

6
March

명징

- 깨끗하고 맑다.

예문
- 그 시인의 문장은 **명징**하다.
- 이제서야 말 속에 담긴 뜻을 **명징**하게 깨달았다.
- 이 씨는 구속 영장이 기각된 것에 대해 "정의가 살아있음을 **명징**하게 증명해 준 사법부에 감사하다."고 말했다.

같이 알면 좋은 말
- **징명**: 같은 뜻의 다른 말.

27
October

섬서하다

- 지내는 사이가 서먹서먹하다.

예문
- 우리는 한때 매일 얼굴을 보던 사이였는데 요즘은 **섬서하다**.

같이 알면 좋은 말
- **소원하다**: 지내는 사이가 두텁지 아니하고 거리가 있다.
- **소격하다**: 사이가 서로 멀어져서 왕래가 막히다.

5
March

녹지근하다

- 온몸에 힘이 없고 맥이 풀려 몹시 나른하다.

예문
- 사지가 **녹지근한** 것이 눕고만 싶다.
- 춘곤증에 온몸이 **녹지근**하다.
  _<KBS 우리말 겨루기> 707회 문제 중에서

같이 알면 좋은 말
- **노작지근하다**: 몸에 힘이 없고 맥이 풀려 나른하다.

Lead, Follow or get out of the way.

이끌든지, 따르든지, 비키든지.

- 테드 터너 Ted Turner, 미국 언론인, 기업인

4
March

Sunshine
All The Time
Makes
A Desert.

맑은 날만 계속되면 사막이 된다.

- 아랍 속담

29
October

나비잠

- 갓난 아이가 두팔을 머리 위로 벌리고 편히 자는 잠.

예문
- 아기가 마루에서 쌔근쌔근 **나비잠**을 자고 있다.

같이 알면 좋은 말
- **잠투정**: 어린아이가 잠을 자려고 할 때나 잠이 깨었을 때 떼를 쓰며 우는 짓.
- **배냇짓**: 갓난아이가 자면서 웃거나 눈, 코, 입 따위를 쫑긋거리는 짓.

3 March

해토머리

- 얼었던 땅이 녹아서 풀리기 시작할 때.

예문
- 산골짝에는 얼음이 풀리고, 땅은 눅눅한 봄 냄새를 뱉는 **해토머리**다. _박종화 소설 《금삼의 피》 중에서

같이 알면 좋은 말
- **따지기때**: 초봄에 얼었던 흙이 풀리려고 하는 때.
- **잔풀나기**: 잔풀이 싹 트는 때. '봄철'을 이르는 말.

30
October

집알이

- 새 집 또는 이사한 집을 인사차 찾아보는 일.

예문
- 가족들이 **집알이**를 온다고 해서 대청소를 했다.

같이 알면 좋은 말
- **집들이** : 이사한 후에 이웃과 친지를 불러 집을 구경시키고 음식을 대접하는 일.

2
March

모꼬지

- 놀이나 잔치 또는 그 밖의 일로 여러 사람이 모이는 일.

예문
- 3월이 되면 대학마다 새내기 **모꼬지**를 간다.
- 결혼식이 끝난 뒤 있었던 **모꼬지** 자리에서 신나게 춤을 췄다.

같이 알면 좋은 말
- **모듬**: 어떤 목적 아래 여러 사람이 모이는 일.
- **뒤풀이**: 일이나 모임을 끝낸 뒤에 모여 여흥을 즐김.
- **연찬**: 기쁜 일이 있을 때에 음식을 차려 놓고 여러 사람이 모여 즐기는 일.

31
October

소마

- 오줌을 점잖게 이르는 말.

예문

- "화장실에 가서 **소마** 좀 보고 오겠습니다."

같이 알면
좋은 말

- **소피**: 같은 뜻의 다른 말.
- **뒤**: 사람의 똥을 완곡하게 이르는 말.
  - **뒤**가 마렵다.

1
March

꽃샘바람

- 봄철 꽃이 필 무렵에 부는 찬 바람.

예문
- 봄을 느끼기에는 아직 너무 쌀쌀하고 또 앞으로도 한두 차례 **꽃샘바람**이 불어올 거다.

같이 알면 좋은 말
- **살바람**: 초봄에 부는 찬 바람.
- **소소리바람**: 이른 봄에 살 속으로 스며드는 듯한 차고 매서운 바람.
- **잎샘추위**: 봄에, 잎이 나올 무렵의 추위.
- **꽃샘추위**: 이른 봄, 꽃이 필 무렵의 추위.

어른의 어휘 일력 365

November

11월

어른의 어휘 일력 365

March

3월

1
November

시장하다

- 배가 고프다.

예문
- 너무 바빠서 **시장한** 줄도 모르고 일을 했다.
- "**시장하시면** 준비된 간식을 드세요."

같이 알면 좋은 말
- **시장기**: 배가 고픈 느낌.
  - 점심을 대충 때웠더니 금방 **시장기**가 몰려왔다.

28
February

석별

- 서로 애틋하게 이별함. 또는 애틋한 이별.

예문
- 오랜 친구와 **석별**한다는 생각만 해도 우울하고 슬펐다.

같이 알면 좋은 말
- **작별**: 인사를 나누고 헤어짐.
- **몌별**: 소매를 잡고 헤어진다는 뜻으로, 섭섭히 헤어짐을 이르는 말.
- **몌분**: 서로 작별함.

2
November

발만스럽다

- 두려워하거나 삼가는 태도가 없이 꽤 버릇없다.

예문
- "교감 선생님의 뺨을 때린 초등학생 사건 봤어? 요즘 애들 너무 **발만스럽지** 않니?"
- 어른들께도 바락바락 들이덤비는 게 행실이 꽤 **발만스럽습니다**.

같이 알면 좋은 말
- **까지다**: 지나치게 약아서 되바라지다.
  - 동네 건달들과 어울리더니 말투까지 **까질** 대로 까졌다.

27 February

표착하다

- 물결에 떠돌아다니다가 어떤 뭍에 닿다.
- (비유적으로) 정처 없이 떠돌아다니다가 일정한 곳에 정착하다.

예문
- 무인도에 **표착**하다.

같이 알면 좋은 말
- **불시착**: 목적지에 이르기 전에 예정되지 않은 장소에 착륙하다.

3
November

갈음하다

- 다른 것으로 바꾸어 대신하다.

예문
- "여러분 가정에 행운이 가득하기를 기원하는 것으로 치사를 **갈음합니다**."
- 우리 아이 돌잔치는 가족 식사로 **갈음했다**.
- "공연 마무리는 인사 없이 앵콜곡으로 **갈음하는** 게 어떨까?"

같이 알면 좋은 말
- **대체하다, 대치하다, 갈다**: 다른 것으로 바꾸어 놓다.
- **가름**: 쪼개거나 나누어 따로따로 되게 하는 일.
  - 너무 어두워서 누가 누구인지 **가름**이 되지 않는다.

26
February

미맹

- 맛을 보는 감각에 장애가 있어 정상인이 느낄 수 있는 맛을 느끼지 못하는 병적 상태. 또는 그런 상태에 있는 사람.

예문

- "뭐 묵을 줄도 모르는 것들이 입만 살아 갖고는 씨불고 있어. 그건 니들 **미맹**인들이나 넣는 거지."
  _드라마 <술꾼 도시 여자들> 대사 중에서

같이 알면
좋은 말

- **맛감각, 미각**: 맛을 느끼는 감각.
- **식도락가**: 여러 가지 음식을 두루 맛보는 것을 즐거움으로 삼는 사람.

4
November

Wenn man erkennt, dass Gold schön ist, vergisst man, dass Sterne schön sind.

금이 아름답다는 것을 알게 되면
별이 아름답다는 것을 잊어버린다.

- 독일 속담

Pain is temporary. Quitting lasts forever.

고통은 잠깐이다.
그러나 포기는 영원히 남는다.

- 랜스 암스트롱 Lance Armstrong, 미국의 사이클 선수

5
November

외골수

- 단 한 곳으로만 파고드는 사람.

예문
- 그는 자신의 주장만을 고수하는 **외골수**이다.

같이 알면 좋은 말
- **외곬**: 단 하나의 방법이나 방향.
  - **외곬**으로 생각하다.

24
February

혜안

- 사물을 꿰뚫어 보는 안목과 식견.

예문
- 형은 앞날을 내다볼 줄 아는 **혜안**을 갖고 있었다.
- "중전은 단 한번도 사람을 잘못 본 적이 없다. 어떤 사람이 되었건 단숨에 그 사람의 심중을 꿰뚫어보았다. 그 **혜안**으로 날 여기까지 인도해준 사람이다."
  _드라마 <태종 이방원> 대사 중에서

같이 알면 좋은 말
- **안목**: 사물을 보고 분별하는 능력.
- **통찰**: 예리한 관찰력으로 사물을 꿰뚫어 봄.

6
November

숙론

- 깊이 생각하여 충분히 의논함.

예문
- "이번 사안은 토론 말고, **숙론**해서 결정합시다."
- "소통이 부족한 우리 사회, **숙론**을 통해 더욱 건전하고 깊은 대화를 할 수 있기를 바랍니다."
  _최재천 이화여대 석좌교수 '세바시' 강의 중에서

같이 알면 좋은 말
- **숙의, 난상**: 같은 뜻의 다른 말.
- **숙고**: 곰곰 잘 생각함. 또는 그런 생각.
- **토론**: 어떤 문제에 대하여 여러 사람이 각각 의견을 말하며 논의함.

23 February

숭고

- 뜻이 높고 고상하다.

- 그의 죽음이 가져다준 **숭고한** 교훈을 우리는 영원히 잊지 못할 것이다.

- **존엄**: 인물이나 지위 따위가 감히 범할 수 없을 정도로 높고 엄숙함.
- **고상**: 품위나 몸가짐의 수준이 높고 훌륭함.

7 November

표리부동

- 겉으로 드러나는 언행과 속으로 가지는 생각이 다름.

예문
- 그는 **표리부동한** 사람으로 소문이 자자하다.

같이 알면 좋은 말
- **양두구육**: 양의 머리를 걸어 놓고 개고기를 판다는 뜻으로, 겉보기만 그럴듯하게 보이고 속은 변변하지 않음.
- **표리일체**: 두 가지 사물의 관계가 밀접하게 되다.

22
February

눌변

- 더듬거리는 서툰 말솜씨.

예문
- 김 교수는 뛰어난 학자이나 **눌변**을 가졌다.
- 하정의 **눌변**과 수줍음이 나에게는 매력으로 다가온다.
- "제가 **눌변**이긴 하지만, 한 말씀 드릴게요."

같이 알면 좋은 말
- **눌언** : 더듬거리는 말.
- **달변** : 능숙하여 막힘이 없는 말.
- **능변** : 말을 능숙하게 잘함. 또는 그 말.

8
November

요원하다

- 아득히 멀다.

예문
- 결혼이라는 문제가 아직은 **요원하게** 느껴진다.

같이 알면 좋은 말
- **요막하다, 하원하다**: 같은 뜻의 다른 말.
- **까마득하다**: 전혀 알지 못하거나 기억이 안 나 막막하다.
- **아득하다**: 어떻게 하면 좋을지 몰라 막막하다.

21
February

분수령

- 어떤 사실이나 사태가 발전하는 전환점.
- 어떤 일이 한 단계에서 전혀 다른 단계로 넘어가는 전환점.

예문
- 외국에서 지낸 5년이 그의 인생에 있어 중요한 **분수령**이 되었다.
- 화가 난 시민들의 외침이 혁명의 **분수령**이 되었다.
- 기준금리 인하 여부는 미 연준 의장의 기자회견이 **분수령**이 될 것이다.
- 6월 모의고사는 수능 문제를 출제하는 평가원이 주관하기 때문에 수능의 **분수령**으로 불린다.

같이 알면 좋은 말
- **전환점**: 다른 방향이나 상태로 바뀌는 계기. 또는 그런 고비.
- **분기점**: 길 따위가 여러 갈래로 갈라지기 시작하는 곳.

9
November

엄폐하다

- 가리어 숨기다.

예문
- 사고가 난 것을 쉬쉬하며 **엄폐하려** 하였다.
- 진실이 **엄폐되었다.**

같이 알면 좋은 말
- **엄색하다, 엄휘하다**: 덮어서 막다.
- **쉬쉬하다**: 드러내 말하지 않고 뒤에서 은밀히 감추다.

20 February

격랑

- 거센 파도.
- 모질고 어려운 시련을 비유적으로 이르는 말.

예문
- 우리가 탄 배는 **격랑**을 헤치며 나갔다.
- 소용돌이치는 **격랑**의 시대.
- 야당의 총선 압승과 미국 물가 상승으로 코스피는 다시 **격랑** 속으로 빠져들었다.

같이 알면 좋은 말
- **역경** : 일이 순조롭지 않아 매우 어렵게 된 처지나 환경.
- **시련** : 겪기 어려운 단련이나 고비.

10
November

숙환

- 오래 묵은 병.
- 오래된 걱정거리.

예문
- 아버님께서는 **숙환**으로 고생하시다가 별세하셨다.
- 동생이 시험에 합격하면서 우리 가족의 **숙환**이 사라졌다.

같이 알면 좋은 말
- **숙증, 숙병**: 같은 뜻의 다른 말.
- **지병**: 오랫동안 잘 낫지 않는 병.

19
February

면구하다

- 낯을 들고 대하기가 부끄럽다.

예문
- 그는 자신의 모습이 **면구한** 듯이 고개를 숙이고 머리를 긁적였다.

같이 알면 좋은 말
- **낯간지럽다** : 너무 보잘것없거나 염치없는 짓이 되어 남 보기에 부끄럽다.
- **낯부끄럽다** : 염치가 없어 얼굴을 보이기가 부끄럽다.
- **민망하다** : 낯을 들고 대하기가 부끄럽다.

11
November

Spend time reading
books written by others.
I can improve my own
life by taking the hard
work of others.

남이 쓴 책을 읽는 것에 시간을 보내라.
남이 고생한 것을 가져와서
내 자신의 삶을 개선할 수 있다.

- **소크라테스**Socrates, 고대 그리스 철학자

18
February

La plus belle couleur au monde est celle qui vous va bien.

아름다움은 나 자신이 되기로 결심한 순간부터 시작된다.

- 코코샤넬 Coco chanel, 프랑스 디자이너

12 November

거시적

- 사물이나 현상을 전체적으로 분석·파악하는 것.
- 전체적인 상황을 바라보는 관점.

예문
- 눈앞의 일만 챙기지 말고 사태를 **거시적**으로 보고 훗날에 대비하자.

같이 알면 좋은 말
- **미시적**: 사물이나 현상을 전체적인 면이 아니라 개별적으로 포착하여 분석하는 것.
  - 경제 현상을 **미시적**으로 분석하다.

17
February

노회하다

- 경험이 많고 교활하다.

예문
- 다섯 번이나 국회의원에 당선된 그는 이번에도 **노회한** 정치력을 뽐냈다.
- 삼국지에서 제갈공명은 **노회한** 책략을 가진 사람으로 묘사된다.

같이 알면 좋은 말
- **노련하다** : 많은 경험으로 익숙하고 능란하다.

13
November

기인하다

- 어떠한 것에 원인을 두다.

예문
- 서울의 땅값 상승은 인구 증가에서 **기인하였다**.

같이 알면 좋은 말
- **비롯되다**: 처음으로 시작되다.
- **근원하다**: 사물의 근본이나 원인을 두다.
- **말미암다**: 어떤 현상이나 사물 따위가 원인이나 이유가 되다.

16
February

무렴하다

- 염치가 없다.
- 염치가 없음을 느껴 마음이 부끄럽고 거북하다.

예문
- "너는 애가 **무렴하게** 어른 앞에서 왜 그렇게 행동하니?"
- 나는 **무렴하여** 얼굴이 붉어졌다.

같이 알면 좋은 말
- **염치없다**: 체면을 차리거나 부끄러움을 아는 마음이 없다.
- **교활하다**: 간사하고 꾀가 많다.
- **노활하다**: 노련하고 교활하다.

14
November

문외한

- 어떤 일에 직접 관계가 없는 사람.
- 어떤 일에 전문적인 지식이 없는 사람.

예문
- 나는 그 방면에는 **문외한**이다.
- **문외한** 눈에는 모든 색이 똑같아 보였다.

같이 알면 좋은 말
- **일자무식** : 어떤 분야에 대하여 아는 바가 하나도 없음.
- **제삼자** : 일정한 일에 직접 관계가 없는 사람.

15
February

암팡지다

- 몸은 작아도 힘차고 다부지다.

예문
- 꼬마는 엄마가 하는 말에 **암팡지게** 대꾸를 했다.

같이 알면 좋은 말
- **옴팡지다**: 아주 심하거나 지독한 데가 있다.
  - 그날 술값을 **옴팡지게** 뒤집어썼다.

15
November

똘기

- 채 익지 않은 과일.

예문
- 그 감은 아직 **똘기**라 매우 떫다.

같이 알면 좋은 말
- **아람**: 밤이나 상수리 따위가 충분히 익어 저절로 떨어질 정도가 된 상태. 또는 그런 열매.

14
February

지리멸렬

- 이러저리 흩어지고 찢기어 갈피를 잡을 수 없음.

예문
- 우리 조의 과제는 **지리멸렬**에 빠졌다.
- 내 삶이 이토록 **지리멸렬**해진 것을 모두 다 어머니에게 떠넘기고 싶은 생각은 추호도 없다.
  _양귀자 소설《모순》중에서

같이 알면 좋은 말
- **지리분산**: 같은 뜻의 다른 말.
- **천산지산**: 이런 말 저런 말로 많은 핑계를 늘어놓는 모양.
- **가리산지리산**: 이야기나 일이 질서가 없어 갈피를 잡지 못함.

16 November

미몽

- 무엇에 홀린 듯 똑똑하지 못하고 얼떨떨한 정신 상태.

예문
- **미몽**에서 깨어나다
- 조카 녀석은 나이가 서른이 되었는데도, 아직 **미몽**을 헤매고 있다.

같이 알면 좋은 말
- **헛꿈**: 실현할 수 없는 것을 이루어 보려고 꾀하거나 희망을 거는 생각.
- **백일몽**: 대낮에 꿈을 꾼다는 뜻으로, 실현될 수 없는 헛된 공상을 이르는 말.

13
February

필담

- 음성언어가 아닌 문자언어로 대화를 주고 받는 것.
- 말이 통하지 않거나 말을 할 수 없을 때에, 글로 써서 서로 묻고 대답함.

예문
- 우리는 수업 시간에 선생님의 눈을 피하여 **필담**했다.
- 내가 수화를 몰라서 그 청각 장애인과 **필담**을 나눌 수밖에 없었다.

같이 알면 좋은 말
- **필문필답**: 글로 써서 묻고 대답함.

17
November

창발

- 남이 모르거나 하지 아니한 것을 처음으로 또는 새롭게 밝혀내거나 이루는 일.

예문
- 업계를 선두하려면 **창발** 전략이 필요하다.
- **창발**을 이뤄낸 스타트업들이 주목받고 있다.

같이 알면 좋은 말
- **독창적**: 다른 것을 모방함이 없이 새로운 것을 처음으로 만들어 내거나 생각해 내는 것.
- **창의적**: 새로운 의견을 생각해 냄.

12 February

심상하다

- 대수롭지 않고 예사롭다.

예문
- 말하는 품으로 보아 **심상한** 사람은 아닌 것 같다.
- 이번 일이 진행되는 것을 보아하니 **심상치가** 않다.

같이 알면 좋은 말
- **평범하다**: 뛰어나거나 색다른 점이 없이 보통이다.
- **범상하다**: 중요하게 여길 만하지 아니하고 예사롭다.
- **예사롭다**: 흔히 있을 만하다.

18
November

When the music change, So does the dance.

음악이 바뀌면 춤도 바뀌어야 한다.

- 아프리카 속담

조개껍데기는
녹슬지 않는다.

천성이 착하고 어진 사람은
주변의 악한 것들에
물들지 않는다는 뜻.

19
November

반드레하다

- 실속 없이 겉모양만 반드르르하다.

예문
- 이 장난감은 겉만 **반드레하지** 튼튼하지 못하다.

같이 알면 좋은 말
- **번드레하다, 빤드레하다** : 비슷한 뜻의 다른 말.
- **반질대다, 빤질대다** : 게으름 피우며 맡은 일을 잘 하지 아니하다.

10 February

교치성

- 일이나 동작을 정교하고 치밀하게 수행하는 능력.

예문
- 그녀의 공격은 날카로운 **교치성**을 지녔다.
- 배드민턴은 민첩성, 판단력, **교치성**을 키울 수 있는 운동이다.

같이 알면 좋은 말
- **협응력** : 몸의 신경기관, 운동기관, 근육 따위가 서로 호응하며 조화롭게 움직일 수 있는 능력.
- **민첩성** : 재빠르고 날쌘 성질.

20 November

마음자리

- 마음의 본바탕.

예문
- "너는 **마음자리**가 틀려먹었어."
- 불교에서는 본래의 **마음자리**를 깨닫지 못하는 것만큼 괴로운 게 없다고 한다.
- "별일 아닌데도 손이 벌벌 떨리는 걸 보니 난 아직 **마음자리**가 약한가봐."

같이 알면 좋은 말
- **심보, 마음보**: 마음을 쓰는 속 바탕.
- **마음씨, 심정**: 마음을 쓰는 태도.

9
February

시혜

- 은혜를 베풂, 또는 그 은혜.

예문
- 가뭄이 길어지자 왕이 백성들에게 곡식을 나눠주는 등 **시혜**를 베풀었다.
- 장애인은 **시혜**의 대상이 아니다.

같이 알면 좋은 말
- **은대, 혜의**: 고맙게 베풀어 주는 신세나 혜택.
- **시해**: 부모나 임금 등을 죽임.
  - 백성들은 명성 황후의 **시해**로 울분에 싸여 있었다.

21 November

가만하다

- 움직임 따위가 그다지 드러나지 않을 만큼 조용하고 은은하다.
- 어떤 대책을 세우거나 손을 쓰지 아니하고 그대로 있다.

예문
- 나는 할머니의 귀에다 **가만한** 소리로 속삭였다.
- 그렇게 당하고도 **가만하고** 있자니 너무 분하다.

같이 알면 좋은 말
- **은근하다**: 행동 따위가 함부로 드러나지 아니하고 은밀하다.
- **차분하다**: 마음이 가라앉아 조용하다.
- **가만가만**: 움직임 따위가 드러나지 않도록 조용조용.

8
February

침잠

- 겉으로 드러나지 아니하게 물속 깊숙이 가라앉거나 숨음.
- 마음을 가라앉혀서 깊이 생각하거나 몰입함.
- 분위기 따위가 가라앉아 무거움.

예문
- 밤이 깊어질수록 풀벌레 소리가 잦아들며 어둠 속으로 **침잠**한다.
- 그의 글에는 인간 영혼에 대한 **침잠**이 담겨 있다.

같이 알면 좋은 말
- **골몰**: 다른 생각을 할 여유도 없이 한 가지 일에만 파묻힘.
- **침착**: 밑으로 가라앉아 들러붙음.
- **몰입**: 깊이 파고들거나 빠짐.

22
November

돼지떡

- 무엇인지 모를 물건들이 이것저것 범벅이 되어 지저분함을 비유적으로 이르는 말.

예문
- 엄마가 잠깐 한눈 판 사이 아이는 식판을 **돼지떡**으로 만들어놨다.

같이 알면 좋은 말
- **돼지우리** : 더럽고 지저분한 곳을 비유적으로 이르는 말.
- **꿀돼지** : 욕심이 많은 사람을 비유적으로 이르는 말.

7
February

직조하다

- 곧바로 비추다.
- 기계나 베틀 따위로 옷감을 짜다.

예문
- 우리 사회의 문제점이 무엇인지 **직조**할 필요가 있다.
- 상승과 하강으로 명징하게 **직조**해낸 신랄하면서도 처연한 계급 우화. _영화 평론가 이동진《기생충》한줄평 중에서

23
November

겨끔내기

- 서로 번갈아 하기.

예문
- 두 사람이 **겨끔내기**로 내게 질문을 퍼부었다.
- 신부는 왼손 오른손 **겨끔내기**로 치맛귀를 여며 가며 조심조심 걸었다.

같이 알면 좋은 말
- **교대**: 어떤 일을 여럿이 나누어서 차례에 따라 맡아 함.
- **교번**: 일을 할 때 순번이나 차례를 서로 바꿈.

6
February

명리

- 명예와 이익을 아울러 이르는 말.

예문
- 그 작가는 활발한 작품 활동으로 **명리**를 모두 얻었다.
- 세속적인 **명리**만 추구하다가는 덕을 잃을 수 있다.
- 5선의 김 의원은 **명리**만 좇다가 당 대표 후보에서도 떨어졌다.

같이 알면 좋은 말
- **성리**: 명예와 이익을 아울러 이르는 말.

24
November

까끄름하다

- 편안하지 못하고 불편한 데가 있다.

예문
- 고기를 많이 먹었더니 속이 **까끄름하다**.
- 사장님과 면담할 때마다 **까끄름하다**.
- 아직은 시어머니와 단둘이 있는 게 **까끄름하다**.

같이 알면 좋은 말
- **껄끄럽다** : 무난하거나 원만하지 못하고 매우 거북한 데가 있다.

5 February

궤휼

- 야릇하고 간사스럽게 속임.
- 목적을 달성하기 위해 교활하고 야비한 수단을 사용함.

예문
- 속으로 어떤 **궤휼**한 마음을 품고 있을지 알 길이 없다.
- 악인은 땅에서 끊어지겠고 **궤휼**한 자는 땅에서 뽑히리라.
  _ 성경 잠언 2장 22절

같이 알면 좋은 말
- **간사**: 나쁜 꾀가 있어 거짓으로 남의 비위를 맞추는 태도가 있다.
- **교활**: 간사하고 꾀가 많다.

25
November

It's Okay to say
"I don't know."
There's no shame in that!
The only shame is to
pretend that we know
everything.

"모른다"고 말하는 것은 괜찮습니다.
그건 부끄러운 일이 아니에요.
진짜 부끄러운 것은 모든 것을
아는 것처럼 행동하는 것입니다.

- 리처드 파인먼 Richard Feynman, 미국 물리학자

정말로 행복한 나날이란,
멋지고 놀라운 일이 일어나는 날이
아니라 진주알들이 하나하나
줄로 꿰어지듯이 소박하고 자잘한
기쁨들이 조용히 이어지는
날들인 것 같아.

- 루시 모드 몽고메리 소설 《에이번리의 앤》 중에서

26 November

선바람

- 지금 차리고 나선 그대로의 차림새.

예문
- 반가운 손님이 왔다는 소식에 **선바람**으로 달려 나갔다.

같이 알면 좋은 말
- **선걸음, 선발**: 이미 내디뎌 걷고 있는 그대로의 걸음.
- **버선발**: 버선만 신고 신을 신지 않은 발.
  - 전쟁터에 나갔던 자식이 돌아오자 어머니는 **버선발**로 뛰쳐나왔다.

3
February

안존하다

- 얌전하고 조용하다.
- 아무런 탈 없이 평안히 지내다.

예문
- 집 떠난 자식이 걱정돼서 **안존**할 수가 없다.
- 부모님이 **안존**하신지 자주 연락을 드려야겠다.

같이 알면 좋은 말
- **안거하다, 안처하다** : 같은 뜻의 다른 말.

27
November

손돌이추위

- 음력 10월 20일 무렵의 심한 추위.

예문
- "바람이 매섭고 추운 걸 보니 **손돌이추위**가 왔나보다."
- "이런 **손돌이추위**에도 출근을 해야 한다니!"

같이 알면 좋은 말
- **장대추위**: 오랫동안 내리 계속되는 심한 추위를 비유적으로 이르는 말.
- **된추위**, **폭한**, **혹한**: 몹시 심한 추위.

2
February

당주

- 지금의 주인.

예문
- "이 집의 **당주**는 누구십니까?"
- "최 씨가 그 땅의 **당주**라니, 알고보니 자산가였구먼."

같이 알면 좋은 말
- **가주**: 집을 소유한 사람. 한 집안의 주인.

28
November

영미하다

- 남의 비위를 맞추며 아첨하다.

예문
- 무능력한 김 부장은 이번 분기에도 사장에게 **영미하게** 굴어 가까스로 자리를 지켰다.

같이 알면 좋은 말
- **아첨하다, 알랑대다, 미첨하다, 아미하다, 아유하다, 아종하다, 첨유하다** : 비슷한 뜻의 다른 말

1
February

앙살

- 엄살을 부리며 버티고 겨루는 짓.

예문
- 자기가 잘못해서 다쳤으면서 괜히 주변 사람들에게 **앙살**이다.
- 다른 아이들은 고분거리는데 철수는 한결같이 **앙살**을 부린다.

같이 알면 좋은 말
- **엄살**: 고통이나 어려움을 거짓으로 꾸미거나 실제보다 보태어서 나타내는 태도.
- **엄살쟁이**: 엄살을 잘 부리는 사람을 낮잡아 이르는 말.

29
November

그닐그닐

- 보기에 매우 위태롭거나 치사하고 더러워 마음이 자꾸 저린 느낌.
- 벌레가 기어가는 것처럼 살갗이 근지럽고 저릿한 느낌.

예문
- 머리를 며칠 안 감아서 그런지 정수리가 **그닐그닐**하다.
- 번지점프를 하는 사람을 보니 **그닐그닐** 불안해서 눈을 질끈 감았다.

같이 알면 좋은 말
- **가닐가닐**: 같은 뜻의 다른 말.
- **근질근질**: 자꾸 근지러운 느낌이 드는 상태.

어른의 어휘 일력 365

February

2월

30
November

능갈치다

- 교묘하게 잘 둘러대다.

예문
- 그는 실수를 저질러도 눈 하나 깜빡이지 않고 **능갈치는** 재주가 있다.

같이 알면 좋은 말
- **능글맞다, 능청맞다** : 비슷한 뜻의 다른 말.
- **둘러대다** : 그럴듯한 말로 꾸며 대다.
- **천연덕스럽다** : 시치미를 뚝 떼며 겉으로는 아무렇지 않은 체한다.

31
January

묵시

- 직접적으로 말이나 행동으로 드러내지 않고 은연중에 뜻을 나타내 보임.

예문
- 친구에게 자신의 뜻을 **묵시**할 수 있다는 것이 바로 우정의 힘이다.
- 나도 그 일에 **묵시**적으로 동조했다.

같이 알면 좋은 말
- **암묵**: 자기 의사를 밖으로 나타내지 아니함.
- **암시**: 넌지시 알림.

어른의 어휘 일력 365

December

12월

30
January

소증

- 채소따위만 줄곧 먹어서 고기가 몹시 먹고 싶은 증세.

예문
- **소증** 나면 병아리만 쫓아도[봐도] 낫다. _속담
- 3일 내내 오이 다이어트를 했더니 **소증** 나서 힘이 든다.

같이 알면 좋은 말
- **육징** : 자꾸 고기가 먹고 싶은 증세.
  - **육징**이 나는지 침을 꼴깍 삼켰다.

1
December

허우룩하다

- 마음이 텅 빈 것같이 허전하고 서운하다.

예문
- 그녀는 **허우룩한** 빛을 보이지 않으려고 일부러 고개를 돌렸다.
- 집중했던 일을 끝내고 나니 괜히 마음이 **허우룩하다**.

같이 알면 좋은 말
- **허전하다**: 무엇을 잃거나 의지할 곳이 없어진 것같이 서운한 느낌이 있다.
- **허무하다**: 아무것도 없이 텅 빈 상태이다.

29
January

혜량하다

- (높이는 뜻으로) 남이 헤아려 살펴서 이해하다. 주로 편지에 쓴다.

예문
- "부득이한 사정으로 제때 납품하지 못한 점 널리 **혜량하여** 주십시오."
- 직접 뵙고 인사를 드리는 게 도리지만, 서면으로 말씀드리는 점 **혜량해** 주시길 바랍니다.

같이 알면 좋은 말
- **이해하다, 양해하다, 알아주다** : 남의 사정을 잘 헤아려 너그러이 받아들이다.
- **헤아리다** : 짐작하여 가늠하거나 미루어 생각하다.
  - 저의 고충도 **헤아려** 주십시오.

愛之欲其生

애 지 욕 기 생

사랑은 사람을 살아가게 한다.

- 논어

28
January

Träume keine kleinen Träume, denn sie haben keine Macht, die Herzen der Menschen zu bewegen.

꿈은 크게 꿔라.
작은 꿈은 사람의 마음을 움직일 힘이 없다.

- 요한 볼프강 폰 괴테 Johann Wolfgang von Goethe, 독일 철학자

3
December

뼛성

- 갑자기 발칵 일어나는 짜증.

예문
- **뼛성**을 자주 내면 그것도 버릇이 된다.

같이 알면 좋은 말
- **분에**: 분개하여 몹시 성을 냄. 또는 그렇게 내는 성.
- **벌컥**: 급작스럽게 화를 내거나 기운을 쓰는 모양.
  - 친구가 내 얼굴을 보자마자 **벌컥** 화를 내서 당황했다.

27 January

넨다하다

- 어린아이나 아랫사람을 사랑하여 너그럽게 대하다.

 예문
- "선생님께서 저를 친자식처럼 **넨다하신** 것을 알고 있어요."

같이 알면 좋은 말
- **아량**: 너그럽고 속이 깊은 마음씨.
- **미쁘다**: 믿음성이 있다.
- **어여쁘다**: 예쁘다는 뜻의 옛말.

4
December

일집

- 말썽스러운 일이 생기게 되는 바탕이나 원인.

예문
- "큰일을 앞두고 **일집**을 벌이지 말고 좀 더 두고 보세요."

같이 알면 좋은 말
- **경거망동**: 경솔하여 생각 없이 망령되게 행동함.
  - 과거의 **경거망동**을 뉘우치다.

26
January

호젓하다

- 후미져서 무서움을 느낄만큼 고요하다.
- 매우 홀가분하여 쓸쓸하고 외롭다.

예문
- **호젓한** 산길을 걷다.
- 딸이 독립하자 부부는 시골에서 **호젓하게** 지냈다.

같이 알면 좋은 말
- **조촐하다**: 호젓하고 단출하다.
- **한적하다**: 한가하고 고요하다.

5 December

들은귀

- 들은 경험.
- 자기에게 이로운 말을 듣고 그 기회를 놓치지 않으려 함을 이르는 말.

예문
- "나도 **들은귀**가 있기에 하는 말이야."
- 조언도 **들은귀**가 있는 사람에게 해야 효과가 있다.

같이 알면 좋은 말
- **들은풍월**: 남에게서 얻어들어 알게 된 변변치 않은 지식.
  - 알고 하는 소리가 아니라 **들은풍월**로 지껄인 것이겠지.

25
January

궐기

- 벌떡 일어남.
- 어떤 목적을 이루기 위하여 마음을 돋우고 기운을 내서 힘차게 일어남.

예문
- 국민들은 독재에 항거하여 **궐기**하였다.

같이 알면 좋은 말
- **군기**: 많은 사람이 떼를 지어 일어남.
- **봉기**: 벌떼처럼 떼지어 세차게 일어남.
  - 농민들의 **봉기**.

6
December

햇덧

- 해가 지는 짧은 동안.

예문
- **햇덧**에 저녁을 지었다.

같이 알면 좋은 말
- **해동갑**: 해가 질 때까지의 동안.
- **해넘이**: 해가 막 넘어가는 때.

24
January

긍휼히

- 불쌍하고 가엾게.
- 불쌍히 여겨 돌보아주다.

예문
- 세종대왕은 글을 읽고 쓰지 못하는 백성들을 **긍휼히** 여겨 한글을 창제하셨다.

같이 알면 좋은 말
- **자비**: 남을 깊이 사랑하고 가엾게 여김.

7
December

심심하다

- 마음의 표현 정도가 매우 깊고 간절하다.

예문
- 그동안의 노고에 **심심한** 감사를 드립니다.
- 이번 일로 피해를 입은 고객들께 **심심한** 사과를 드립니다.

같이 알면 좋은 말
- **깊다**: 생각이 듬쑥하고 신중하다.
- **간절하다**: 마음 씀씀이가 더없이 정성스럽고 지극하다.
- **절실하다**: 느낌이나 생각이 뼈저리게 강렬한 상태에 있다.

23
January

방기하다

- 내버리고 아예 돌아보지 아니하다.

예문
- 그들의 요구에 순응하는 것은 예술가로서의 직분과 책무를 **방기하는** 셈이다.
- 어린 아이를 **방기하는** 것은 큰 잘못이다.

같이 알면 좋은 말
- **내던지다**: 관계를 끊고 돌보지 않다.
- **내팽개치다**: 돌보지 않고 버려두다.

8
December

볕바램

- 볕을 오랫동안 받아 원래의 색깔이 바래게 되는 일.

예문
- 창가에 올려놓은 책들이 **볕바램** 들어 못쓰게 되었다.

같이 알면 좋은 말
- **볕바르다** : 햇볕이 바로 비치어 밝고 따뜻하다.
- **낮볕** : 대낮에 쬐는 햇볕.
- **색바램** : 물들였던 색이 바래서 엷어지는 현상.

22 January

광휘

- 환하고 아름답게 눈이 부심. 또는 그 빛.
- 눈부시게 훌륭함을 비유적으로 이르는 말.

예문
- 온갖 장식들이 **광휘롭게** 빛나다.
- 조선 왕조 오백 년의 **광휘로운** 역사.

같이 알면 좋은 말
- 광화: 같은 뜻의 다른 말.

9
December

Las flechas atraviesan
el corazón,
pero las palabras
negativas atraviesan
el alma.

화살은 심장을 관통하지만
매정한 말은 영혼을 관통한다.

- 스페인 속담

一物一語說
일물일어설

하나의 사물을 나타내는 데 적합한 단어는
세상에 단 하나밖에 존재하지 않는다.

- **귀스타브 플로베르** G. Flaubert, 프랑스 작가

10
December

견책

- 허물이나 잘못을 꾸짖고 나무람.
- 공무원 등의 잘못을 꾸짖고 앞으로 그런 일이 없도록 주의를 주는, 가장 가벼운 징계.

예문
- 지각을 하여 상사에게 **견책**을 당했다.
- 과장은 맡은 업무를 제대로 처리하지 못한 사원을 **견책**했다.
- 민원인에게 불친절하게 대한 공무원에게 **견책** 처분이 내려졌다.

같이 알면 좋은 말
- **책망**: 잘못을 꾸짖거나 나무라며 못마땅하게 여김.
- **문책**: 잘못을 캐묻고 꾸짖음.

20 January

슬기주머니

- 남다른 재능을 지닌 사람을 비유적으로 이르는 말.

예문
- 그와 같은 **슬기주머니**에게 이만한 일을 처리할 꾀가 없을 리 없었다.

같이 알면 좋은 말
- **허영주머니**: 허영심이 유난히 많은 사람.
- **밥주머니**: 아무 일 하지 않고 밥이나 축내는 쓸모없는 사람.

11
December

지난하다

- 지극히 어렵다.

예문
- **지난한** 세월.
- 코로나 팬데믹 때 자영업자들은 **지난한** 시간을 보냈다.

같이 알면 좋은 말
- **고되다**: 하는 일이 힘에 겨워 고단하다.
- **곤란하다, 난하다**: 사정이 몹시 딱하고 어렵다.

19 January

청완하다

- 티 없이 맑고 아름답다.

예문
- 그의 **청완한** 목소리에 감탄했다.
- 아이의 **청완한** 미소에 마음이 따뜻해졌다.

같이 알면 좋은 말
- **청아하다** : 속된 티가 없이 맑고 아름답다.

12 December

미쁘다

- 믿음성이 있다.

예문
- 여기저기 눈치를 살피는 모습이 도무지 **미쁘게** 보이지 않는다.

같이 알면 좋은 말
- **미덥다, 믿음직하다**: 같은 뜻의 다른 단어.
- **미쁨**: 믿음직하게 여기는 마음.

18
January

경도

- 온 마음을 기울여 사모하거나 열중함.
- 기울어 넘어짐. 또는 기울여 넘어뜨림.
- 기울여 속에 있는 것을 다 쏟음.

예문
- 특정 이념에 대한 맹목적인 **경도**는 지양되어야 한다.
- "윤하는 변우석에게 **경도**되어, 매일 드라마를 보느라 바빠."

같이 알면 좋은 말
- **몰입**: 깊이 파고들거나 빠짐.
- **열중**: 한 가지 일에 정신을 쏟음.

13
December

벗개다

- 안개나 구름이 벗어지고 날이 맑게 개다.

예문
- 하늘이 **벗개는** 걸 보니 오후에 비가 온다는 일기예보가 이번에도 틀린 것 같다.

같이 알면 좋은 말
- **개다**: 흐리거나 궂은 날씨가 맑아지다.
- **빗밑**: 비가 그치어 날이 개는 속도.

17 January

흔연스럽다

- 기쁘거나 반가워 기분이 좋은 듯하다.

예문
- **흔연스럽게** 껄껄 웃다.
- **흔연스럽게** 호들갑을 떨면서 친척들을 맞았다.

같이 알면 좋은 말
- **흔연대접**: 기꺼운 마음으로 잘 대접함.
- **흔약하다**: 기뻐서 날뛰다.

14
December

태업

- 일이나 공부 따위를 게을리함.
- 노동 쟁의 행위의 하나. 겉으로는 일을 하지만 의도적으로 일을 게을리함으로써 사용자에게 손해를 주는 방법이다.

예문
- 우리는 그동안의 **태업**을 반성하고 일에 박차를 가했다.
- 노동자들은 임금 인상을 요구하며 **태업**에 들어갔다.

같이 알면 좋은 말
- **파업**: 하던 일을 중지함.
- **광직하다**: 직무를 게을리하고 책임을 다하지 않다.
- **사보타주**: 의도적으로 일을 게을리하는 노동 쟁의.

16 January

시하

- 편지글에서 '이때', '요즈음'의 뜻으로 쓰는 말.

- **시하** 엄동설한에 가내 두루 평안하신지요?

- **작금, 요즈음**: 바로 얼마 전부터 이제까지의 무렵.
  - "**작금**의 세태에 어찌 침묵하겠는가!"
    _ 드라마 <미스터 션샤인> 중에서

15
December

비설거지

- 비가 오려고 하거나 올 때, 비에 맞으면 안 되는 물건을 치우거나 덮는 일.

예문
- 갑작스러운 비 때문에 나는 옥상에 올라가서 **비설거지**하느라 혼이 났다.

같이 알면 좋은 말
- **빗발**: 비가 내리칠 때에 줄이 죽죽 진 것처럼 떨어지는 빗줄기.
  - 세찬 **빗발**을 비하기 위해 빗물막이 아래에 서 있었다.
- **빗물막이**: 눈비를 맞지 않도록 하는 일. 또는 그런 물건.

15
January

단견

- 짧은 생각이나 의견.
- 자기의 생각이나 의견을 겸손하게 이르는 말.

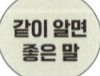 **예문**
- "잘은 모르지만 저의 **단견**을 말씀드리자면."
- 내 생각이 **단견**이 아닌가 싶어 주눅이 들었다.

같이 알면 좋은 말
- **관견**: 대롱 구멍으로 사물을 본다는 뜻으로, 좁은 소견이나 자기의 소견을 겸손하게 이르는 말.
- **졸견**: 보잘것없는 의견이나 견해.

Szégyen a futás,
de hasznos.

도망치는 건 부끄럽지만 도움이 된다.

- 헝가리 속담

14
January

The bird fights
its way out of the egg.
The egg is the world.
Who would be born must
first destroy a world.

새는 알을 깨고 나온다.
알은 곧 세계이다.
태어나려고 하는 자는
하나의 세계를 파괴하지 않으면 안 된다.

- 헤르만헤세 소설 《데미안》 중에서

17
December

강파르다

- 몸이 야위고 파리하다.
- 성질이 까다롭고 괴팍하다.
- 인정이 메마르고 야박하다.
- 산이나 길이 몹시 기울어져 있다.

예문
- 그 사나이는 몸이 너무 **강팔라서** 불쌍해 보였다.
- 그 애는 성미가 **강팔라서** 상대하기가 싫다.
- 점점 인심이 **강파른** 사회가 되어간다.
- 우리는 좁고 **강파른** 오르막을 걸었다.

13
January

마침맞다

- 어떤 경우나 기회에 꼭 알맞다.

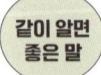
예문
- 시누이에게 **마침맞은** 남편감을 구할 수 없다.
- 이 일에 **마침맞은** 사람을 알고 있다.

같이 알면 좋은 말
- **알맞다**: 일정한 기준, 조건, 정도 따위에 넘치거나 모자라지 않다.
- **마침하다**: 무엇에 아주 알맞다.

18
December

계제

- '사다리'라는 뜻으로, 일이 되어 가는 순서나 절차를 비유적으로 이르는 말.
- 어떤 일을 할 수 있게 된 형편이나 기회.

예문
- 깊이 알려고 할수록 공부에는 밝아야 되는 **계제**가 있음도 짐작이 되었다.
- 지금 나는 이것저것 가릴 **계제**가 아니다.

12
January

흥감하다

- 마음이 움직여 느끼다.
- 흥겹게 느끼다.

예문
- **흥감**을 일으키다.
- 이 더운 날에 이렇게 와 주셔서 참 너무도 **흥감**합니다.
  _김말봉 소설《찔레꽃》중에서

같이 알면 좋은 말
- **응감하다**: 마음에 응하여 느끼다.

19
December

엄정하다

- 엄격하고 바르다.
- 날카롭고 공정하다.

예문
- "**엄정하게** 말해서 그건 개인적인 문제로 봐야 하는 거 아니야?"
- "정부는 특히 군의 사기를 높이고 **엄정한** 기강을 확립하는 데 최선을 다할 것입니다."
  _《김영삼 대통령 연설문집》 중에서

같이 알면 좋은 말
- **엄격하다**: 말, 태도, 규칙 따위가 매우 엄하고 철저함. 또는 그런 품격.

11
January

양감

- 양이 있는 느낌.
- 대상의 부피나 무게의 느낌을 나타내는 말.

예문
- 지갑에 지폐를 몇 장 넣었더니 **양감**이 느껴진다.
- 내가 요즘 들어 가장 많이 우울해하는 것은 내 인생에 **양감**이 없다는 것이다. 내 삶의 부피는 너무 얇다.
  _양귀자 소설 《모순》 중에서

같이 알면 좋은 말
- **볼륨**: 부피의 크기에서 오는 느낌.
- **중량감**: 물체의 무게에서 오는 묵직한 느낌.
- **질감**: 재질의 차이에서 받는 느낌.
  - 그 의자는 나무의 질감을 강조했다.

20 December

관장하다

- 일을 맡아서 주관하다.

예문
- 대출 업무를 **관장**하다.
- 그는 오랫동안 학교의 모든 행사를 **관장**해 오고 있다.

같이 알면 좋은 말
- **맡다**: 책임을 지고 담당하다.
- **감독하다**: 일의 전체를 지휘하다.
- **총괄하다**: 모든 일을 한데 묶어 관할하다.

10
January

낭창낭창

- 가늘고 긴 막대기나 줄 따위가 자꾸 조금 탄력 있게 흔들리는 모양.

예문
- 대나무는 끝이 **낭창낭창** 탄력이 좋아 낚싯대로 안성맞춤이다.

같이 알면 좋은 말
- **능청능청**: 가늘고 긴 막대기나 줄 따위가 탄력 있게 흔들리는 모양.
  - 전깃줄이 바람에 **능청능청** 움직인다.

21
December

마루

- 등성이를 이루는 지붕이나 산 따위의 꼭대기.
- 파도가 일 때 치솟은 물결의 꼭대기.
- 일이 한창인 고비.

예문
- 1월 1일에 가리왕산 **마루**에 걸린 해를 보며 소원을 빌었다.
- 태풍이 온다더니 앞바다의 **마루**가 꽤 높다.
- 이번 경쟁 프레젠테이션의 **마루**는 어젯밤이었다.

9
January

몽니

- 받고자 하는 대우를 받지 못할 때 내는 심술.

예문
- "저 사람은 **몽니**가 궂어서 상대하기가 쉽지 않을걸?"
- "그러면 **몽니** 부리는 거야. 우리도 성질 있으니까."
  _김종필 전 총리의 인터뷰 중에서

같이 알면 좋은 말
- **심술, 성술** : 온당하지 아니하게 고집을 부리는 마음.

22
December

계면쩍다

- 쑥스럽거나 미안하여 어색하다.

예문
- 그를 쳐다보기가 **계면쩍어** 피식 웃었다.
- 술 한 잔을 시켜놓고 너무 오래 떠들어 **계면쩍었다**.

같이 알면 좋은 말
- **겸연쩍다**: 같은 뜻의 다른 말.
- **멋쩍다**: 하는 짓이나 모양이 격에 어울리지 않다.

8
January

희떱다

- 실속은 없어도 마음이 넓고 손이 크다.
- 말이나 행동이 분에 넘치며 버릇이 없다.

예문
- 제 살림에 맵고 짜다가도 없는 사람 사정 봐줄라치면 **희떱게** 굴 줄도 알았다. _박완서 소설 《미망》 중에서
- 그는 부장 앞에서 **희떠운** 소리를 잘 한다.

같이 알면 좋은 말
- **싱겁다**: 사람의 말이나 행동이 상황에 어울리지 않고 다소 엉뚱한 느낌을 주다.
- **무례하다**: 태도나 말에 예의가 없다.

23
December

When words are
defined correctly, they
help us to grasp some
concrete reality or
concrete objective,
or method of activity.

단어가 올바로 정의될 때,
단어는 우리가 명확한 현실을,
명확한 객관을, 올바른 방법이나 활동을
붙잡을 수 있도록 돕는다.

- 시몬 베유 Simone Weil, 프랑스 철학자

7
January

Die Grenzen meiner Sprache bedeuten die Grenzen meiner Welt.

언어의 한계가
곧 세계의 한계이다.

- 비트겐슈타인 Wittgenstein, 철학자

24
December

노쇠하다

- 늙어서 쇠약하고 기운이 별로 없다.

예문
- 김 노인이 **노쇠하기는** 하였으나 병치레가 없어 다행이다.
- "쓰레기 분리수거를 꼭 **노쇠한** 내가 해야겠니?"

같이 알면 좋은 말
- **노약하다, 퇴모하다** : 같은 뜻의 다른 말.
- **쇠약하다** : 힘이 쇠하고 약하다.

6
January

날파람

- 빠르게 날아가는 결에 일어나는 바람.
- 바람이 일 정도로 날쌘 움직임이나 등등한 기세를 비유적으로 이르는 말.

예문
- 한 아이가 뛰어가면서 일으킨 **날파람**에 나뭇잎이 날렸다.
- 그는 사십이 다 되어서도 **날파람** 있는 스무 살 청년보다 더 민첩하다.

같이 알면 좋은 말
- **기세**: 기운차게 뻗치는 모양이나 상태.
- **기염**: 불꽃처럼 대단한 기운.

25 December

소솜

- '소나기가 한 번 내리는 동안'이라는 뜻으로, 매우 짧은 시간을 이르는 말.

예문
- 아이들은 **소솜** 자라니 함께 하는 추억을 많이 만들어라.

같이 알면 좋은 말
- 눈 깜짝할 새 : 매우 짧은 순간.
- 삽시간 : 매우 짧은 시간.

5
January

이내

- 해 질 무렵 멀리 보이는 푸르스름하고 흐릿한 기운.

예문
- 해는 없지만, 하늘에 푸르스름한 기운이 남아 있는 **이내**의 시간이다.

같이 알면 좋은 말
- **남기**: 같은 뜻의 다른 말.
  - **남기**가 뿌옇게 물 위를 뒤덮은 초저녁에 호숫가를 산책했다.
- **개와 늑대의 시간**(l'heure entre chien et loup): 해가 기울기 시작해 땅거미가 내리기 시작하는 석양 무렵을 뜻하는 프랑스 관용어. 멀리서 다가오는 것이 개인지 늑대인지 구분하기 어려운 시간대라는 데에서 유래했다.

26
December

자지러지다

- 몹시 놀라 몸이 주춤하면서 움츠러들다.
- 장단이나 웃음소리, 울음소리가 온몸에 짜릿한 느낌이 들 정도로 빠르고 잦게 들리다.
- 사람이 혼절할 정도로 온몸에 짜릿한 느낌을 가지다.

예문
- 은희는 심야괴담회만 보면 몸이 **자지러진다고** 했다.
- 그는 꽃가루 알레르기가 심해서 봄만 되면 재채기를 **자지러지게** 한다.
- 옆집에서 밤마다 **자지러지는** 아이 울음 소리가 난다.
- 메달을 따고 **자지러지는** 기쁨을 느꼈다.

같이 알면 좋은 말
- **움츠러지다**: 몸이 몹시 오그라지거나 작아지다.
- **환장하다**: 지나치게 몰두하여 정신을 못 차리는 지경이 되다.

4
January

천착하다

- 어떤 원인이나 내용 따위를 따지고 파고들어 알려고 하거나 연구하다.
- 구멍을 뚫다.
- 억지로 이치에 닿지 아니한 말을 하다.

예문
- 우리는 그 문제를 극복할 방법에 대해 **천착**하였다.
- 한국 사랑이 남다른 프랑스인 파비앙은 역사의 정취가 살아 숨쉬는 서촌을 거닐더니 이 곳을 **천착하고** 싶다고 말했다.

같이 알면 좋은 말
- **연구하다** : 어떤 일이나 사물에 대해 깊이 조사하고 생각하여 진리를 따져 보다.
- **탐구하다** : 진리, 학문 따위를 파고들어 깊이 연구하다.

27 December

엄혹하다

- 매우 엄하고 모질다.

예문
- 엄마가 돌아가신 뒤 살아갈 일이 너무 **엄혹하여** 눈물이 절로 났다.
- "이 소설은 그렇게 **엄혹한** 내용이 아니라서 쉽게 읽을 수 있을 거야."

같이 알면 좋은 말
- **모질다**: 참고 견디기 힘든 일을 능히 배기어 낼 만큼 억세다.
- **엄려하다**: 성격이나 행동이 철저하고 까다롭다.

3
January

설늙은이

- 나이는 그다지 많지 않지만 기질이 노쇠한 사람.

예문
- 꽃샘에 **설늙은이** 얼어 죽는다.

같이 알면 좋은 말
- **애늙은이**: 생김새나 행동이 나이가 든 사람 같은 아이를 놀림조로 이르는 말.
- **반늙은이**: 젊지도 아니하고 아주 늙지도 아니한 사람. 또는 조금 늙은 사람.

28
December

본데

- 보아서 배운 범절이나 솜씨 또는 지식.

예문
- 그는 숫기가 없어 모르는 사람들로부터 **본데**가 없다는 오해를 많이 받는다.

같이 알면 좋은 말
- **교양**: 학문, 지식, 사회생활을 바탕으로 이루어지는 품위. 또는 문화에 대한 폭넓은 지식.
- **본디, 본래**: 처음부터 또는 근본부터.

2
January

단심

- 속에서 우러나오는 정성스러운 마음.

예문
- 우리의 염원과 **단심**은 죽을지언정 바꿀 수는 없습니다.
- 님 향한 일편 **단심**이야 가실 줄이 이시랴.
  _정몽주 시 <단심가> 중에서

같이 알면 좋은 말
- **적심** : 거짓 없는 참된 마음.
  - 그의 눈에 어린 **적심**을 보니 마음이 움직였다.

29 December

갈무리

- 물건 따위를 잘 정리하거나 간수함.
- 일을 처리하여 마무리함.

예문
- 어머니는 텃밭에서 수확한 채소의 **갈무리** 때문에 바쁘셨다.
- 후임에게 일의 **갈무리**를 부탁하고 퇴사했다.

같이 알면 좋은 말
- **저장, 적장**: 물건이나 재화를 모아서 간수함.
- **갈망, 마무리**: 일을 처리하고 끝맺음.

1
January

볕뉘

- 작은 틈을 통하여 잠시 비추는 햇볕.
- 그늘진 곳에 미치는 조그마한 햇볕의 기운.
- 다른 사람으로부터 받는 보살핌이나 보호.

예문
- 울창한 나뭇잎 사이로 **볕뉘**가 비치다.
- 조상의 **볕뉘**.

같이 알면 좋은 말
- **볕내** : 볕이 풍기는 냄새.
  - 꽃은 **볕내**를 쐬지 못하면 금방 시든다.
- **볕기** : 볕이 풍기는 기운.
  - **볕기**가 고루 퍼진 맑은 봄날.

꽃은 웃어도 소리가 없고,
새는 울어도 눈물이 없다.

겉으로 표현하지는 않지만
마음속으로는 느끼고 있음.

- 우리나라 속담

어른의 어휘 일력 365

January

1월

31
December

금자탑

- '金(금)'자 모양의 탑이라는 뜻으로 피라미드를 가리키는 말.
  후세에 길이 남을 뛰어난 업적을 비유적으로 이름.

예문
- 역사에 길이 남을 **금자탑**을 이룩하다.
- 양궁의 김우진 선수는 한 대회에서 금메달 5개를 따는 **금자탑**을 세웠다.

같이 알면 좋은 말
- **공로, 업적**: 일이나 연구 따위에서 세운 공적.
- **공적, 공용, 훈적**: 노력과 수고를 들여 이루어 낸 일의 결과.

맘에 안 드는 누군가를 흉본답시고 비속어를 남발하는 사람과 "야, 말도 마. 걔가 얼마나 무람없는 줄 알아? 성격은 또 얼마나 몰풍스러운지. 어제 회의 시간에도…." 라고 말하는 사람은 차이가 날 수밖에 없어요. (물론 타인을 깎아내리는 말은 되도록 하지 않는 게 좋지만요.)
좋아하는 연예인에 대해 이야기할 때도 마찬가지입니다. "그 배우 연기 짱이야."라는 말로는 부족합니다. "어제 그의 연기는 예사스럽지가 않았어. 행동은 가만한데, 대사는 통렬하달까!" 정도의 구체적인 칭찬이어야 나의 마음을 충분히 표현할 수 있겠죠. 이렇게 사용하는 어휘가 다양할수록 전달력은 높아집니다.

호감 가는 어휘를 사용하는 사람들을 닮고 싶어 몇 년 전부터 새로운 어휘를 모았더니 제법 분량이 많아졌습니다. 문학책을 읽다가도, 토론 영상을 보다가도, 드라마를 보다가도 새로운 어휘가 나오면 곧바로 노트에 적었습니다. 등장하는 예문에 구어체가 많은 것은 이 때문입니다.
이 일력은 수십 권의 노트에서 가려 뽑아 만들었어요. 어휘를 알아가는 좋은 방법은 암기가 아니라 노출입니다. 독자 여러분이 부디 이 일력을 통해 하루에 하나, 유의어까지 포함하면 대여섯 개의 어휘를 의식적으로 사용하고 꼭꼭 씹어 먹어 보셨으면 좋겠습니다. 그렇게 내 몸에 새겨진 다채로운 어휘들은 우리의 세계를 한층 더 풍요롭게 만들어줄 것입니다

서선행 드림

어른의 어휘 일력 365

초판 6쇄 발행 2024년 11월 20일

지은이 서선행, 이은정
펴낸이 박혜연

디자인 날마다작업실
일러스트 피도크(@pdohk)
마케팅 김하늘
펴낸곳 ㈜윌마 **출판등록** 2024년 7월 11일 제 2024-000120호

ISBN 979-11-988895-0-8 (10710)

· 책값은 뒤표지에 있습니다.
· 파본은 구입하신 서점에서 교환해드립니다.
· 이 책은 저작권법에 의하여 보호를 받는 저작물이므로 무단 전재와 복제를 금합니다.

본문에 포함된 인용문은 가능한 저작권과 출처 확인 과정을 거쳤습니다. 저작권자를 찾지 못해 허락을 받지 못한 일부 인용문은 저작권자가 확인되는대로 게재 허락을 받고 통상 기준에 따라 사용료를 지불하겠습니다.

> ㈜윌마는 독자 여러분의 책에 관한 아이디어와 원고 투고를 기다리고 있습니다. 책 출간을 원하시는 분은 이메일 wilma@wilma.kr로 간단한 개요와 취지, 연락처 등을 보내주세요.

프롤로그

당신의 세계를
한층 더 풍요롭게 만들어 줄,
어른을 위한 단어장

하는 일의 특성상 다양한 사람을 만나 대화를 나눌 기회가 많습니다. 그러다 보니 자연스럽게 사람에 대한 호불호도 생기게 되었는데요, 저에게는 그 기준이 '어휘'였습니다.
언젠가 인터넷에서 '나는 잘 배운 사람의 다정함을 좋아한다.'라는 글귀를 본 적이 있어요. 여기서 말하는 '잘 배운 사람'이란, 학력이 높은 사람이 아니라 마음의 양식을 충분히 쌓아 교양을 갖춘 사람을 뜻하는 것일 테죠. 저는 고개를 끄덕였습니다. 아무래도 많이 읽고, 써 본 사람들은 상대방에게 어떻게 들릴지 한 번 더 생각하고 사용할 어휘를 고르기 때문에, 그렇지 않은 사람들과 확연히 차이가 날 수밖에 없습니다. 본인은 의식하지 않더라도 말이에요.

'괜찮아.', '별로야.', '좋은데?', '짜증나!' 같은 말로는 나의 생각을 제대로 표현할 수 없습니다. 누군가 "그 친구 어떤 것 같아?"라고 물었는데 "괜찮은 편이야."라고만 얘기하는 것과 "그 친구 성격은 곰살궂고, 나이에 비해 생각이 웅숭깊은 데가 있어."라고 얘기하는 것은 다릅니다.

저자 소개

이은정

찾는 걸 좋아한다. 방송작가 때는 찻잎으로 20kg 뺀 주부, 두 발 자전거로 쌩쌩 달리는 100세 할아버지처럼 다양한 사람들을 찾으러 다녔다가 지금은 출판업계로 넘어와 책을 읽어줄 독자를 찾아다니고 있다.

이번엔 《어른의 어휘 일력 365》를 만들며 어른이들이 쓰고 싶어도 몰라서 못 쓰는 어휘만 쏙쏙 찾아 담았다. 만족도 최상의 행복한 작업이었다.

이메일 | eunjung_0118@naver.com

저자 소개

서선행

어린 시절 꿈은 시인이었다. 방송작가로 사회생활을 시작했고 현재는 18년 차 출판인이다. 좋아하는 일을 꾸준히 할 수 있어 운이 좋은 편이구나 생각한다.

그동안 《무례한 사람에게 웃으며 대처하는 법》, 《이은경쌤의 초등 어휘일력 365》, 《마음의 법칙》, 《천 번의 죽음이 내게 알려준 것들》, 《부는 어디서 오는가》, 《쇼펜하우어 아포리즘: 당신의 인생이 왜 힘들지 않아야 한다고 생각하십니까》, 《고전의 숲》, 《신화의 숲》, 《사랑인 줄 알았는데 부정맥》, 《초역 부처의 말》 등을 기획, 편집했다. 기존에 없던 스타일이나 생소한 주제의 책을 기획하는 것에 즐거움을 느낀다. 이제 막 사춘기에 접어든 아들에게 좋은 어른이 되어주고 싶다.

이메일 | hamyal@naver.com